どう変《か》わった？情報伝達《じょうほうでんたつ》の昔《むかし》と今《いま》

写真提供／フォトライブラリー

今《いま》はインターネットで、瞬《しゅん》時《じ》に情報《じょうほう》を知《し》ることができる。でもそこに至《いた》るまでには、いろいろな方法《ほうほう》が使《つか》われてきたんだよ。

燃料《ねんりょう》に動物《どうぶつ》のフンをまぜ、煙《けむり》の色《いろ》を変《か》えたりもしていたんだって。

古代中国《こだいちゅうごく》の狼煙台跡《のろしだいあと》

▲煙《けむり》で情報《じょうほう》を知《し》らせる「狼煙《のろし》」。写真《しゃしん》はシルクロード（中国《ちゅうごく》）に残《のこ》された狼煙台《のろしだい》の跡《あと》で、敵《てき》の襲《しゅう》来《らい》を知《し》らせるために建《た》てられたとされる。

江戸時代《えどじだい》の飛脚《ひきゃく》

◀馬《うま》と、人《ひと》の足《あし》による「飛脚《ひきゃく》」が江戸《えど》時代《じだい》の通《つう》信制度《しんせいど》。新幹線《しんかんせん》も飛行機《ひこうき》もない時代《じだい》に、江戸《えど》から京都《きょうと》までの手紙《てがみ》や荷物《にもつ》を、最短《さいたん》でわずか3日《か》ほどで届《とど》けていたんだ。

グラハム・ベルが発明《はつめい》した電話《でんわ》

▲音声電話《おんせいでんわ》は、1876年《ねん》にアメリカの発明家《はつめいか》グラハム・ベルによって発明《はつめい》された。写真《しゃしん》はベルが、自《みずか》ら電話機《でんわき》で話《はなし》をしているところ。

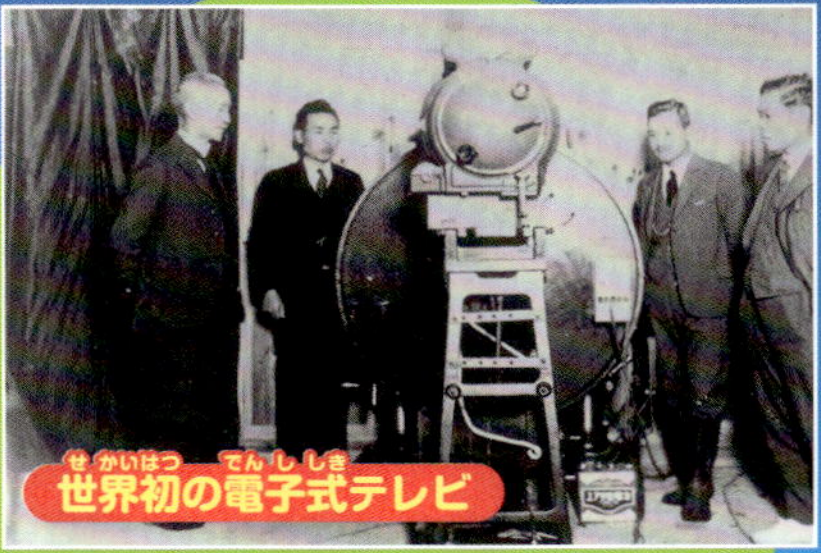
世界初《せかいはつ》の電子式《でんししき》テレビ

▲日本《にほん》の電気工学者《でんきこうがくしゃ》である高《たか》柳健次郎氏《やなぎけんじろうし》は1926年《ねん》に、雲《うん》母板《もばん》に書《か》いた「イ」の字《じ》を、世《せ》界《かい》で初《はじ》めてブラウン管上《かんじょう》に電《でん》子的《してき》に表示《ひょうじ》することに成功《せいこう》した。写真《しゃしん》は撮像装置《さつぞうそうち》と高柳氏《たかやなぎし》（左《ひだり》から二人目《ふたりめ》）。

写真提供／高柳健次郎財団

インターネット

◀1960年代《ねんだい》にアメリカの国防総省《こくぼうそうしょう》が軍事目的《ぐんじもくてき》で開始《かいし》した、ARPANET《アーパネット》がインターネットの起源《きげん》とされている。日本《にほん》では1992年《ねん》に、商業利用《しょうぎょうりよう》がスタートした。

時《とき》と場所《ばしょ》を超《こ》えて伝《つた》えるために 情報《じょうほう》を記録《きろく》する道具《どうぐ》

情報《じょうほう》は「記録《きろく》」されることで、時間《じかん》や場所《ばしょ》をこえて人々《ひとびと》に伝《つた》わっていく。人々《ひとびと》は情報《じょうほう》をどう記録《きろく》してきたのか、その歴史《れきし》を見《み》てみよう。

古代《こだい》

thipjang/Shutterstock.com
洞窟壁画《どうくつへきが》

▲約《やく》1万《まん》5千年前《せんねんまえ》に描《えが》かれたと考《かんが》えられているフランスの「ラスコー洞窟《どうくつ》の壁画《へきが》」。動物《どうぶつ》の姿《すがた》や狩《か》りの様子《ようす》が描《えが》かれている。

▼紀元前《きげんぜん》2500年《ねん》ごろの古代《こだい》エジプトでは、パピルスという水草《みずくさ》でつくった紙《かみ》に、文字《もじ》や絵《え》を記録《きろく》していたよ。

パピルス

竹簡《ちくかん》

◀紙《かみ》が普及《ふきゅう》する以前《いぜん》、古代《こだい》中国《ちゅうごく》では、文字《もじ》を書《か》くためにこのような長《なが》さ20～30㎝、幅《はば》1～2㎝程《ほど》の竹《たけ》の札《ふだ》が用《もち》いられていたんだ。

近代《きんだい》

▼ドイツのグーテンベルクが1455年《ねん》ごろに考案《こうあん》した活版印刷技術《かっぱんいんさつぎじゅつ》は、手書《てが》きでの書《か》き写《うつ》しが一般的《いっぱんてき》だった本《ほん》づくりに大《おお》きな変化《へんか》をもたらした。右《みぎ》はグーテンベルクが発明《はつめい》した活版印刷機《かっぱんいんさつき》の模型《もけい》。

グーテンベルクの活版印刷《かっぱんいんさつ》

活版印刷《かっぱんいんさつ》に使《つか》われた日本語《にほんご》の活字《かつじ》

▲新聞《しんぶん》や本《ほん》などの印刷物《いんさつぶつ》をつくるために、大量《たいりょう》の金属《きんぞく》の活字《かつじ》を組《く》み合《あ》わせて紙《かみ》に印刷《いんさつ》をしていたんだよ。

現代《げんだい》

▼▶巨大《きょだい》なIBM《アイビーエム》350マシンに記録《きろく》していた約《やく》6400倍《ばい》もの量《りょう》のデータを、今《いま》ではこんな小《ちい》さなカードに記録《きろく》できるようになったんだ。

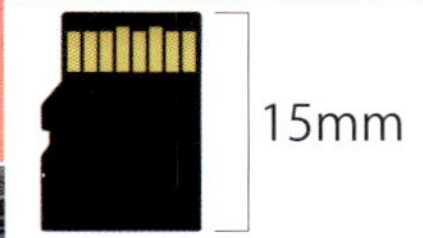
マイクロSD《エスディー》カード
15mm

発表年《はっぴょうねん》：2005年《ねん》
容量《ようりょう》：32ギガバイトなど（商品《しょうひん》により異《こと》なる）
重量《じゅうりょう》：約《やく》0.4g

世界《せかい》で最初《さいしょ》の磁気《じき》ディスク装置《そうち》

発表年《はっぴょうねん》：1956年《ねん》
容量《ようりょう》：約《やく》5メガバイト
重量《じゅうりょう》：1トン超《ちょう》

50年《ねん》くらいのあいだにこんなに小《ちい》さくなったんだね！

ルーツは計算機《けいさんき》にあり！
コンピューターの歴史《れきし》

計算《けいさん》のために作《つく》られた機械《きかい》が、コンピューターのルーツ。誕生《たんじょう》から現在《げんざい》まで、その性能《せいのう》は驚《おどろ》くべきスピードで進化《しんか》している。

パスカルの計算機《けいさんき》

◀1642年《ねん》ごろに発明《はつめい》され、現存《げんそん》する最古《さいこ》の計算機《けいさんき》だといわれる。ダイヤルをまわし歯車《はぐるま》を組《く》み合《あ》わせることで、足《た》し算《ざん》引《ひ》き算《ざん》をする。

中国式算盤《ちゅうごくしきそろばん》

▶昔《むかし》の中国《ちゅうごく》で使《つか》われていた算盤《そろばん》。日本《にほん》の算盤《そろばん》とちがい、各《かく》ケタに、五玉《ごだま》が2つずつあり、一玉《いちだま》も5つずつあるのが特徴《とくちょう》。

ENIAC《エニアック》

▲第二次世界大戦中《だいにじせかいたいせんちゅう》、アメリカ陸軍《りくぐん》によってミサイルの弾道《だんどう》を計算《けいさん》するために開発《かいはつ》された巨大《きょだい》コンピューター。ENIAC《エニアック》の誕生《たんじょう》は、その後《ご》のコンピューターの発展《はってん》に大《おお》きな影響《えいきょう》を与《あた》え、小型化《こがたか》が進《すす》んだ。

大地爽風／PIXTA

初期《しょき》のパソコン

▲1970年代後期《ねんだいこうき》には、それまで技術者向《ぎじゅつしゃむ》けだったコンピューターが個人向《こじんむ》けに大量《たいりょう》に販売《はんばい》され、広《ひろ》く家庭《かてい》に普及《ふきゅう》するきっかけになった。

iPad《アイパッド》

写真提供／Apple Inc.

▶アップル社《しゃ》が2010年《ねん》に発表《はっぴょう》したタブレット。持《も》ち運《はこ》び用《よう》といえばそれまではノートPC《ピーシー》が一般的《いっぱんてき》だったけど、最近《さいきん》はタブレットやスマートフォンがその役割《やくわり》をはたすようになっている。

量子《りょうし》コンピューター「D-Wave《ディーウェーブ》 2000Q《キュー》」

Media courtesy of D-Wave

▶次世代《じせだい》のコンピューティング技術《ぎじゅつ》として、世界中《せかいじゅう》で大《おお》きな注目《ちゅうもく》を集《あつ》めている「量子《りょうし》コンピューター」。写真《しゃしん》はカナダのD-Wave《ディーウェーブ》 Systems《システムズ》社《しゃ》が発売《はつばい》した「商用量子《しょうようりょうし》コンピューター」。

▼量子《りょうし》コンピューターのチップ。スーパーコンピューターが数千《すうせん》年《ねん》かけて解《と》く問題《もんだい》を、量子《りょうし》コンピューターなら数秒《すうびょう》で計算《けいさん》できるといわれているよ。

写真提供／時事通信社

実証実験中《じっしょうじっけんちゅう》の自動運転《じどううんてん》バス

便利《べんり》で、楽《たの》しいものが次々《つぎつぎ》と!

情報技術《じょうほうぎじゅつ》の最先端《さいせんたん》

社会《しゃかい》に役立《やくだ》つ技術《ぎじゅつ》

▲2017年《ねん》にSB《エスビー》ドライブ株式会社《かぶしきがいしゃ》が北海道《ほっかいどう》上士幌町《かみしほろちょう》で実施《じっし》した、自動運転《じどううんてん》バスの実証実験《じっしょうじっけん》。自動運転《じどううんてん》バスは、運転手不足《うんてんしゅぶそく》の解決策《かいけつさく》の一《ひと》つとして期待《きたい》されている。

空中《くうちゅう》を配送《はいそう》するドローン

◀ドローンを使《つか》った空《そら》からの配送《はいそう》は、法規制《ほうきせい》などの課題《かだい》はあるものの、それほど遠《とお》くない未来《みらい》に人口《じんこう》の少《すく》ない地域《ちいき》などで商用化《しょうようか》されると考《かんが》えられているよ。

生活《せいかつ》に身近《みぢか》な技術《ぎじゅつ》

▶操作《そうさ》する人間《にんげん》とロボットが同《おな》じ動作《どうさ》をし、ロボットが触《さわ》ったモノの感触《かんしょく》も体感《たいかん》できる。危険《きけん》な工場現場《こうじょうげんば》などでの実用化《じつようか》が、期待《きたい》されている。

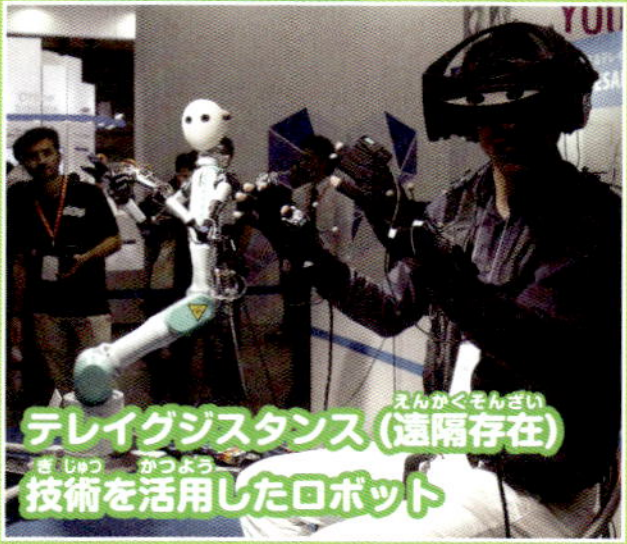
テレイグジスタンス（遠隔存在《えんかくそんざい》）技術《ぎじゅつ》を活用《かつよう》したロボット

写真提供／時事通信社

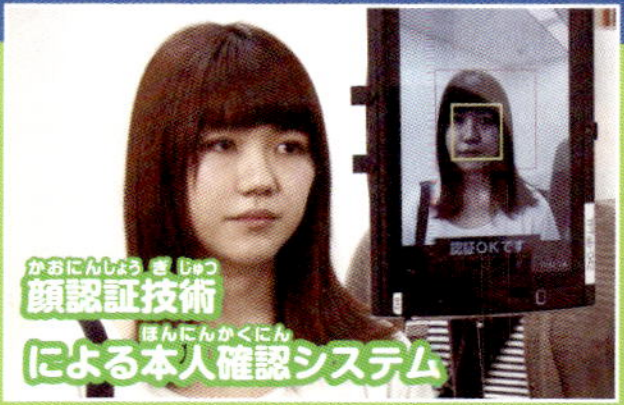
顔認証技術《かおにんしょうぎじゅつ》による本人確認《ほんにんかくにん》システム

写真提供／NEC

▲NEC《エヌイーシー》の顔認証《かおにんしょう》エンジン「NeoFace®《ネオフェイス》」を利用《りよう》した本人確認《ほんにんかくにん》システム。コンサートチケットの転売防止《てんばいぼうし》や、セキュリティ対策《たいさく》として導入《どうにゅう》が進《すす》んでいる。

ワクワクする楽《たの》しい技術《ぎじゅつ》

▶東京《とうきょう》・池袋《いけぶくろ》にあるSKY CIRCUS《スカイサーカス》サンシャイン60展望台《てんぼうだい》に登場《とうじょう》した、VR体験型《ブイアールたいけんがた》コンテンツ。VR《ブイアール》（バーチャルリアリティー／仮想現実《かそうげんじつ》）デバイス「HTC Vive《エイチティーシーヴァイヴ》」を使用《しよう》したさまざまな体感型《たいかんがた》コンテンツを楽《たの》しむことができる。写真左《しゃしんひだり》は、ブランコ型《がた》コースターによる池袋上空《いけぶくろじょうくう》を滑空《かっくう》するコンテンツ「スウィングコースター」。写真右《しゃしんみぎ》は、人間大砲型《にんげんたいほうがた》マシンで未来《みらい》の東京《とうきょう》の名所《めいしょ》を巡《めぐ》る、４Ｄ体験《フォーディーたいけん》コンテンツ「TOKYO弾丸《トーキョーだんがん》フライト」。

スウィングコースター

TOKYO弾丸《トーキョーだんがん》フライト

VR体験型《ブイアールたいけんがた》コンテンツ

写真提供／ SKY CIRCUS サンシャイン60展望台

DORAEMON

ドラえもん 社会《しゃかい》ワールド

SHAKAI WORLD

情《じょう》報《ほう》に強《つよ》くなろう

ドラえもん社会《しゃかい》ワールド

―情報《じょうほう》に強《つよ》くなろう―

もくじ

この本《ほん》について

この本《ほん》は、ドラえもんのまんがを楽《たの》しみながら、「情報《じょうほう》」について学《まな》ぶことができる、おもしろくてためになる本《ほん》です。地図《ちず》の見《み》かたや、情報《じょうほう》を伝《つた》える技術《ぎじゅつ》はどのように発展《はってん》してきたのか、また私《わたし》たちが情報《じょうほう》をとりあつかうときにどんなことに気《き》をつけなければならないのかなどを、わかりやすく解説《かいせつ》していきます。

パソコンやスマートフォンが広《ひろ》く社会《しゃかい》で使《つか》われるようになったことで、私《わたし》たちはとても多《おお》くの情報《じょうほう》を手《て》に入《い》れられるようになりました。情報《じょうほう》の種類《しゅるい》も、文章《ぶんしょう》や画像《がぞう》、音声《おんせい》、動画《どうが》など、いろいろなものがあふれています。でも、こうした情報《じょうほう》も、それを正《ただ》しく集《あつ》め、活用《かつよう》することができなければ「宝《たから》の持《も》ちぐされ」になってしまいます。

情報《じょうほう》は正《ただ》しく活用《かつよう》すれば私《わたし》たちの生活《せいかつ》をより豊《ゆた》かなものにしてくれますし、悪《わる》く使《つか》えば人《ひと》を傷《きず》つけたり悲《かな》しませたりする道具《どうぐ》にもなってしまいます。情報機器《じょうほうきき》の正《ただ》しい使《つか》い方《かた》を知《し》り、情報《じょうほう》をかしこく使《つか》いこなせる知識《ちしき》を持《も》ってもらうことが、本書《ほんしょ》の目的《もくてき》です。

※特《とく》に記述《きじゅつ》がないデータは、2017年《ねん》12月現在《がつげんざい》のものです。

㊙《まるひ》スパイ大作戦《だいさくせん》

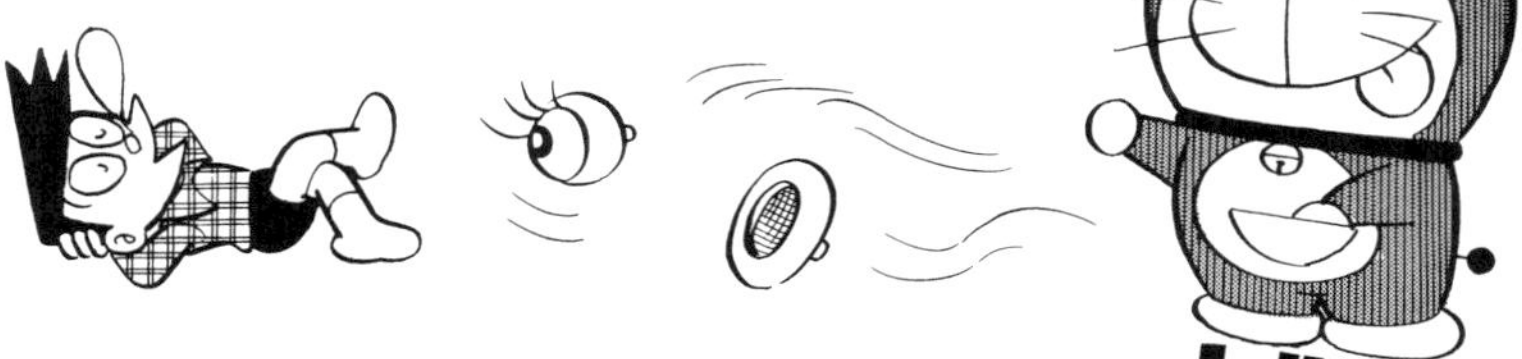

ね、ね、どうしたらいいかしら。
さあねえ。
だまっててやろうか。
そのかわり……、な。
当番《とうばん》をさぼるなよ。
わたしたちにばっかりやらせて。
帰《かえ》っていいよ。
あとは、ぼくひとりがひきうけた。
そうじなんかいやだろ。ぼくは、人《ひと》のいやがることを、すすんでひきうけるんだ。
いいやつだなあ。
スネ夫《お》さんて、神《かみ》さまみたい。
きれいにたのむよな。

情報《じょうほう》クイズQ&A《キューアンドエー》

Q「情報技術《じょうほうぎじゅつ》」を表《あらわ》す用語《ようご》「IT《アイティー》」の、「I《アイ》」は何《なん》の頭文字《かしらもじ》? ①インターネット ②インターフェース ③インフォメーション

A ③インフォメーション　IT《アイティー》とは英語《えいご》の「Information《インフォメーション》 Technology《テクノロジー》」の略称《りゃくしょう》だよ。

情報《じょうほう》クイズQ&A《キューアンドエー》
Q 遠隔操作《えんかくそうさ》できる無人航空機《むじんこうくうき》のことを呼《よ》ぶ、「ドローン」とはどういう意味《いみ》？
①ハチ ②セミ ③トンボ

A ①ハチ　飛行《ひこう》するときプロペラが風《かぜ》を切《き》る音《おと》が、ハチが飛《と》ぶ音《おと》に似《に》ているから名付《なづ》けられたんだ。

情報《じょうほう》クイズQ&A《キューアンドエー》

Q 大人気《だいにんき》のスマホ、iPhone《アイフォーン》を開発《かいはつ》したアップル社《しゃ》の創業者《そうぎょうしゃ》は？ ①ビル・ゲイツ ②スティーブ・ジョブズ ③ドナルド・トランプ

A ②スティーブ・ジョブズ　1976年《ねん》に友人《ゆうじん》らと共同《きょうどう》で、アメリカ合衆国《がっしゅうこく》カリフォルニア州《しゅう》にパソコンを作《つく》る会社《かいしゃ》を起《お》こしたよ。

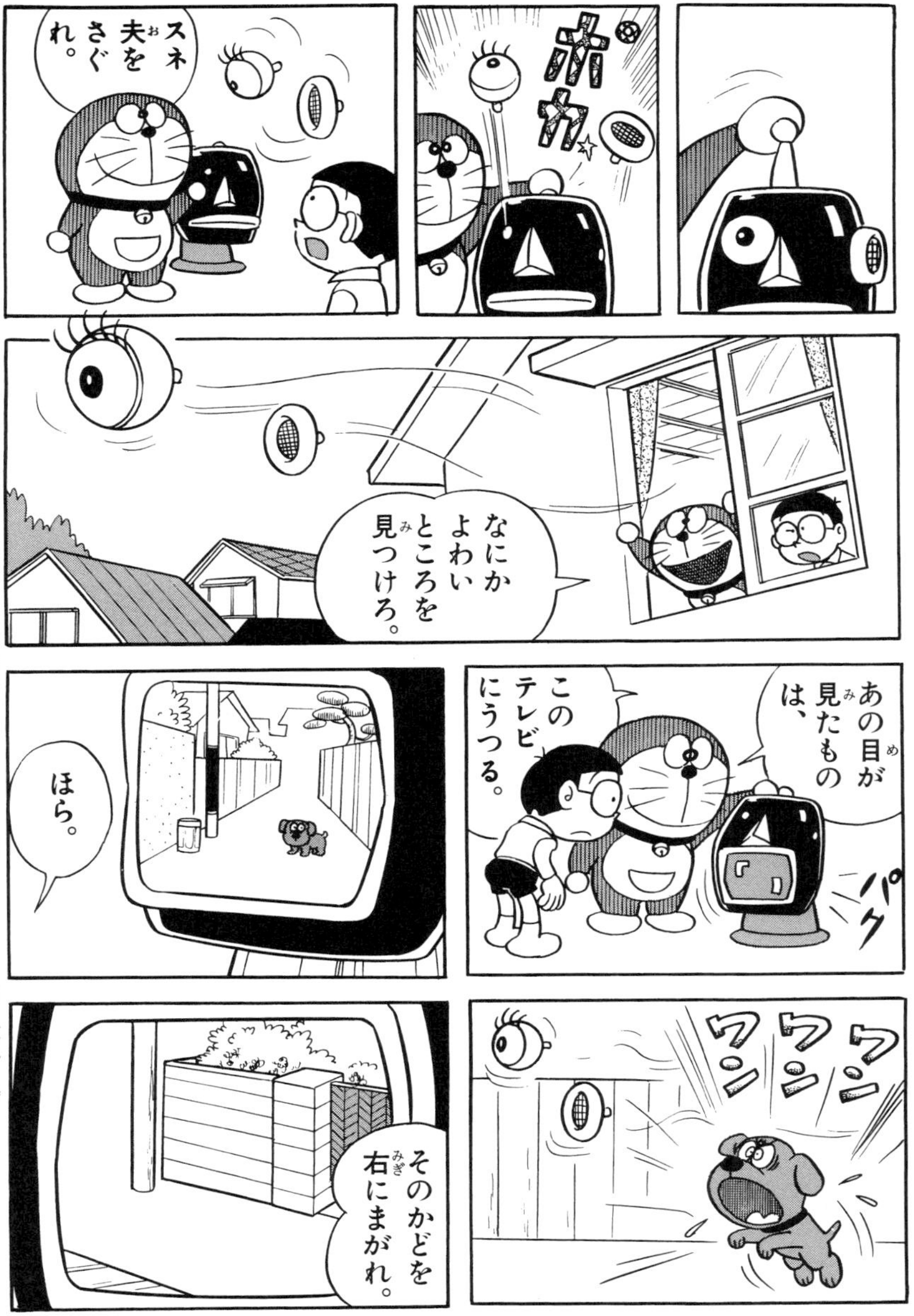

情報《じょうほう》クイズQ&A《キューアンドエー》

Q アップル社《しゃ》が発売《はつばい》しているパソコンの「Mac《マック》」とは、何《なん》の略《りゃく》？

①Machine《マシーン》 ②Macdonald《マクドナルド》 ③Macintosh《マッキントッシュ》

A ③Macintosh《マッキントッシュ》　言葉《ことば》の由来《ゆらい》は、りんごの品種名《ひんしゅめい》から。ちなみに、日本《にほん》でのその品種《ひんしゅ》の名前《なまえ》は「旭《あさひ》」というよ。

情報《じょうほう》クイズQ&A《キューアンドエー》

Q 日本国内《にほんこくない》で定《さだ》められている、パソコン記念日《きねんび》っていつ？

①3月《がつ》28日《にち》
②6月《がつ》28日《にち》
③9月《がつ》28日《にち》

A
③9月《がつ》28日《にち》。1979年《ねん》の9月《がつ》28日《にち》にNEC《エヌイーシー》から発売《はつばい》されたPC《ピーシー》-8001が、パソコンブームの火付《ひ》け役《やく》になったとされている。

情報《じょうほう》クイズQ&A《キューアンドエー》

Q 日本国内《にほんこくない》で人気《にんき》のある携帯電話《けいたいでんわ》「ガラケー」の、「ガラ」とは何《なん》のこと?

①ガラス　②ガラパゴス　③ガラクタ

A ②ガラパゴス　日本《にほん》で独自《どくじ》の進化《しんか》を遂《と》げた携帯電話《けいたいでんわ》を、ガラパゴス諸島《しょとう》のめずらしい生物《せいぶつ》にたとえた。

まさか。
うそでしょ。
ほんとだって、のび太《た》にカビンというと、なんでもやるよ。
なんならためしてみっか。
おういのび太《た》。
はだかでさか立《だ》ちして、ワンワンといってみな。
？
なんでぼくがそんなことを？
カビンだぞカ、ビ、ン。
ギク
ワン
ワン
ワン
ワン

糸《いと》なし糸《いと》でんわ

情報《じょうほう》クイズQ&A《キューアンドエー》

Q 日本《にほん》で最初《さいしょ》に登場《とうじょう》した、持《も》ち運《はこ》びできる電話機《でんわき》の本体《ほんたい》の重《おも》さは？

①約《やく》1kg
②約《やく》2kg
③約《やく》3kg

A
③約《やく》3kg　1985年《ねん》に発売《はつばい》されたショルダーホンは、1リットルのペットボトル3本分《ぼんぶん》くらいの重《おも》さがあった。

情報《じょうほう》クイズQ&A《キューアンドエー》

Q 携帯電話《けいたいでんわ》の電話番号《でんわばんごう》が、今《いま》と同《おな》じ11けたに増《ふ》えたのはいつ?

①1989年《ねん》 ②1999年《ねん》 ③2009年《ねん》

A ②1999年《ねん》 それまでは10けたの番号《ばんごう》だったのが、加入者《かにゅうしゃ》が増《ふ》えて1999（平成《へいせい》11）年《ねん》1月《がつ》1日《たち》に11けたとなったよ。

やっと帰《かえ》れた。
さあ、でんわするぞ。
ピンポロポロン
ピンポロポロン
……出《で》ないよ。
待《ま》ちくたびれて部屋《へや》をあけたんだろ。
このでんわは呼《よ》びだしの音《おと》が相手《あいて》に聞《き》こえるまでどんどん大《おお》きくなるんだよ。
ピンポロ
ピンポロポロン

ママー。でんわに出《で》てー。
ポポピ
いないのかしら。
やあ、しずちゃん。お待《ま》たせしました。では、おもしろい話《はなし》を……。
あれ……。どんな話《はなし》だったかな……。
ぼくは知《し》らないよ。
ちょっと待《ま》ってね、そのうち思《おも》いだすから……。えーと。
早《はや》くしてーっ。

ＩＴ《アイティー》革命《かくめい》で、ひみつ道具《どうぐ》が現実《げんじつ》に！

まるでひみつ道具《どうぐ》のように遠《とお》くはなれた場所《ばしょ》を無人《むじん》で撮影《さつえい》できる

まんがに出《で》てきたひみつ道具《どうぐ》の「スパイセット」を見《み》て、何《なに》かを思《おも》い浮《う》かべた人《ひと》も多《おお》いんじゃないかな？　そう、最近話題《さいきんわだい》の「ドローン」によく似《に》ているよね。ドローンは、遠《とお》くからの操作《そうさ》で飛《と》ばすことができる無人航空機《むじんこうくうき》。

普及《ふきゅう》が進《すす》んでさまざまなことに利用《りよう》されているけど、最近《さいきん》では空《そら》からの撮影《さつえい》に使《つか》われているのをよく見《み》るね。人間《にんげん》では立《た》ち入《い》るのが難《むずか》しい場所《ばしょ》にも、撮影器具《さつえいきぐ》を取《と》りつけて危険《きけん》をともなわずに入《はい》れるので、空《そら》から迫力《はくりょく》のある画像《がぞう》や動画《どうが》を撮影《さつえい》することができるんだ。

ドローンには大《おお》きさも使《つか》い道《みち》もさまざまなものがあり、宅配《たくはい》ピザなど、個人《こじん》の家《いえ》に荷物《にもつ》を届《とど》けるシステムの研究《けんきゅう》も進《すす》められている。ほかにも、災害現場《さいがいげんば》での調査《ちょうさ》や救助《きゅうじょ》活動《かつどう》、建築《けんちく》の測量《そくりょう》や設計《せっけい》など、人《ひと》の役《やく》に立《た》つ活用法《かつようほう》がさぐられているよ。数年後《すうねんご》には、私《わたし》たちの生活《せいかつ》になくてはならないものになっているかもしれないね。

世界《せかい》のどんな場所《ばしょ》の風景《ふうけい》も好《す》きな角度《かくど》から見《み》ることができる

ドラえもんのように、「どこでもドア」で好《す》きな場所《ばしょ》へすぐに移動《いどう》できれば便利《べんり》だね。あっという間《ま》にほかの場《ば》所《しょ》へ移動《いどう》する技術《ぎじゅつ》はまだ開発《かいはつ》されていないけど、インターネットを使《つか》えば、見《み》たい場所《ばしょ》の景色《けしき》をいつでも見《み》ることができるよ。

たとえば「Ｇｏｏｇｌｅ《グーグル》ストリートビュー」は、世界各地《せかいかくち》の実際《じっさい》の風景《ふうけい》をパノラマ画像《がぞう》で見《み》ることができるサービス。遠《とお》くはなれた場所《ばしょ》の景色《けしき》を、自分《じぶん》の好《す》きな角度《かくど》から楽《たの》しむことができるんだ。また、まだ対象《たいしょう》は少《すく》ないけ

ど、建物《たてもの》やお店《みせ》の中《なか》も見《み》られるようになってきている。

最近《さいきん》ではこれにタイムマシン機能《きのう》がくわわり、過去《かこ》の風景《ふうけい》を見《み》たりしらべたりすることもできるようになった。さらには地球上《ちきゅうじょう》だけでなく、国際宇宙《こくさいうちゅう》ステーションの内部《ないぶ》や、宇宙《うちゅう》から見《み》た地球《ちきゅう》の様子《ようす》などもながめられるようになっている。技術《ぎじゅつ》の進歩《しんぽ》は、私《わたし》たちが「見《み》る」ことのできる世界《せかい》を、どんどん広《ひろ》げてくれているんだ。

▲東京《とうきょう》スカイツリーの建設中《けんせつちゅう》と完成後《かんせいご》の風景《ふうけい》を、見《み》くらべることもできるよ。

目《め》と耳《みみ》をしげきするVR《ブイアール》技術《ぎじゅつ》で実際《じっさい》にできないことを体験《たいけん》！

同《おな》じように最近話題《さいきんわだい》となっているVR《ブイアール》（バーチャルリアリティー）も夢《ゆめ》のような技術《ぎじゅつ》だね。VR《ブイアール》とは、ヘッドマウントディスプレーという特殊《とくしゅ》な機器《きき》を頭《あたま》につけて、コンピューターで合成《ごうせい》した映像《えいぞう》や音《おと》で視覚《しかく》、聴覚《ちょうかく》、触覚《しょっかく》などをしげきすることで、仮想《かそう》の世界《せかい》をまるで現実世界《げんじつせかい》のように体感《たいかん》することができる技術《ぎじゅつ》のこと。たとえば、スカイダイビングや飛行機《ひこうき》の操縦《そうじゅう》などを、部屋《へや》の中《なか》にいながらまるで実際《じっさい》に行《おこな》っているように体験《たいけん》できる。しかもその技術《ぎじゅつ》は近年《きんねん》、とっても進化《しんか》してきているんだ。

映像《えいぞう》やゲームなどをリアルに楽《たの》しむだけでなく、医師《いし》がVR《ブイアール》を使《つか》って手術《しゅじゅつ》の練習《れんしゅう》をするなど、医療《いりょう》の現場《げんば》で活《かつ》用《よう》され始《はじ》めたり、建築《けんちく》の設計《せっけい》や教育用《きょういくよう》の教材《きょうざい》など、あらゆる分野《ぶんや》でVR《ブイアール》技術《ぎじゅつ》の活用《かつよう》が期待《きたい》されている。

このように、ひみつ道具《どうぐ》のような技術《ぎじゅつ》が今《いま》、どんどん現実《げんじつ》になりつつある。そしてそれが、私《わたし》たちの生活《せいかつ》をより豊《ゆた》かで楽《たの》しいものにしてくれているんだ。

情報《じょうほう》ってなんだろう？

身《み》の回《まわ》りにある「情報《じょうほう》」とはどんなものだろう？

私《わたし》たちの身《み》の回《まわ》りには、意識《いしき》してもしなくても、いろいろな「情報《じょうほう》」が飛《と》びかっている。目《め》に入《はい》る文字《もじ》や、耳《みみ》にすることばや会話《かいわ》も「情報《じょうほう》」だし、機械《きかい》と機械《きかい》の間《あいだ》で交換《こうかん》される信号《しんごう》や、人間《にんげん》と機械《きかい》の間《あいだ》でかわされる指令《しれい》、動物《どうぶつ》同士《どうし》のコミュニケーションも「情報《じょうほう》」だ。さらには、ドローンの画像《がぞう》も、VR《ブイアール》で体感《たいかん》する映像《えいぞう》や音《おと》だって「情報《じょうほう》」の一種《いっしゅ》だよ。

テレビで見《み》るニュースは、集《あつ》めた情報《じょうほう》を放送《ほうそう》によって広《ひろ》めるもの。天気予報《てんきよほう》や株価《かぶか》なども、情報《じょうほう》をデータ化《か》して作《つく》り出《だ》されたものだ。Suica《スイカ》やPASMO《パスモ》などのIC《アイシー》カードも、カードと機械《きかい》が情報《じょうほう》を電子的《でんしてき》にやりとりすることによって機能《きのう》しているんだよ。

情報《じょうほう》をやりとりする手段《しゅだん》は時代《じだい》とともに変化《へんか》している

人間《にんげん》が使《つか》う情報《じょうほう》といえば、昔《むかし》は文字《もじ》や音声《おんせい》がほとんどだった。だけど技術《ぎじゅつ》の進化《しんか》にともない、情報《じょうほう》を集《あつ》めたり伝《つた》えたりする手段《しゅだん》も変化《へんか》しているんだ。たとえば人《ひと》と文字《もじ》でやりとりをする場合《ばあい》、かつては手紙《てがみ》にして人《ひと》に運《はこ》んでもらうというのが主《おも》な手段《しゅだん》だった。でも今《いま》はインターネットにつながっていれば、どこにいてもメールやSNS《エスエヌエス》を使《つか》ってすぐに文字《もじ》のやりとりができる。

何《なに》かを知《し》りたいと思《おも》ったときも同《おな》じだ。現代《げんだい》では、本《ほん》や新聞《しんぶん》、テレビだけでなく、インターネット上《じょう》の検索《けんさく》サイトを使《つか》えば、いつでもほしい情報《じょうほう》について

▲情報《じょうほう》をやりとりしたり、手《て》に入《い》れたりする手段《しゅだん》は、技術《ぎじゅつ》の進歩《しんぽ》とともに変《か》わってきたよ。

詳《くわ》しく調《しら》べることができる。もはや私《わたし》たちの生活《せいかつ》にインターネットは欠《か》かせないものになってきているね。

特別《とくべつ》コラム

SNS《エスエヌエス》って何《なに》?

ソーシャル・ネットワーキング・サービスの略《りゃく》で、インターネットを使《つか》って人《ひと》とコミュニケーションをとることができるサービスやウェブサイトのこと。「LINE《ライン》」や「Twitter《ツイッター》」「Facebook《フェイスブック》」「Instagram《インスタグラム》」などのことをまとめて指《さ》すよ。

世界《せかい》とつながるインターネットってどんなしくみ?

たくさんの通信機器《つうしんきき》やコンピューターをケーブルや無《む》線《せん》などでつなぎ、おたがいに情報《じょうほう》をやりとりできるようにしたしくみをネットワークという。インターネットは、家《いえ》や会社《かいしゃ》、学校《がっこう》などの単位《たんい》ごとに作《つく》られた一《ひと》つひとつのネットワークが、さらにほかのネットワークともつながるようにしたしくみのことをいうんだ。ネットワーク上《じょう》で、情報《じょうほう》やサービスをほかのコンピューターに提供《ていきょう》するコンピューターをサーバー、サーバーから提供《ていきょう》された情《じょう》報《ほう》やサービスを利用《りよう》するコンピューターをクライアントと呼《よ》ぶ。私《わたし》たちがふだん使《つか》うパソコンやスマートフォン、携帯電話《けいたいでんわ》などはクライアントにあたるよ。

インターネット上《じょう》には、メールサーバーやウェブサーバーといった、役割《やくわり》のことなる多数《たすう》のサーバーが置《お》かれている。それらのサーバーが、クライアントからの要求《ようきゅう》に従《したが》って、情報《じょうほう》を別《べつ》のサーバーに送《おく》ったり、持《も》っている情報《じょうほう》をクライアントに渡《わた》したりすることで、電子《でんし》メールを送信《そうしん》したり、ウェブブラウザーでホームページを見《み》たりすることができるようになっているんだ。

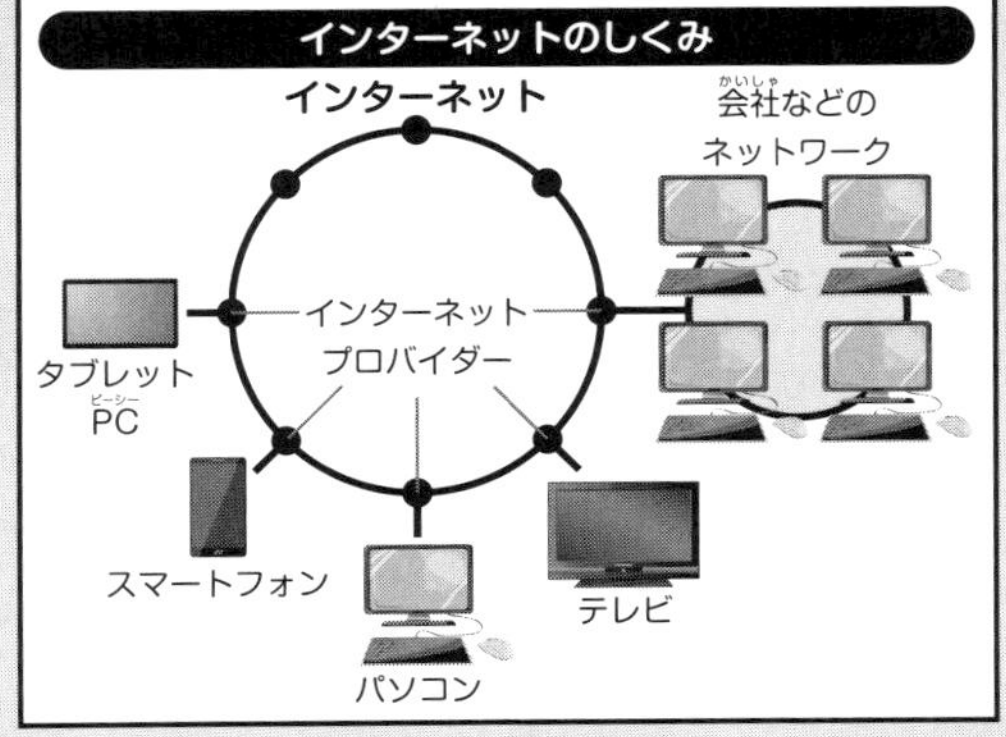

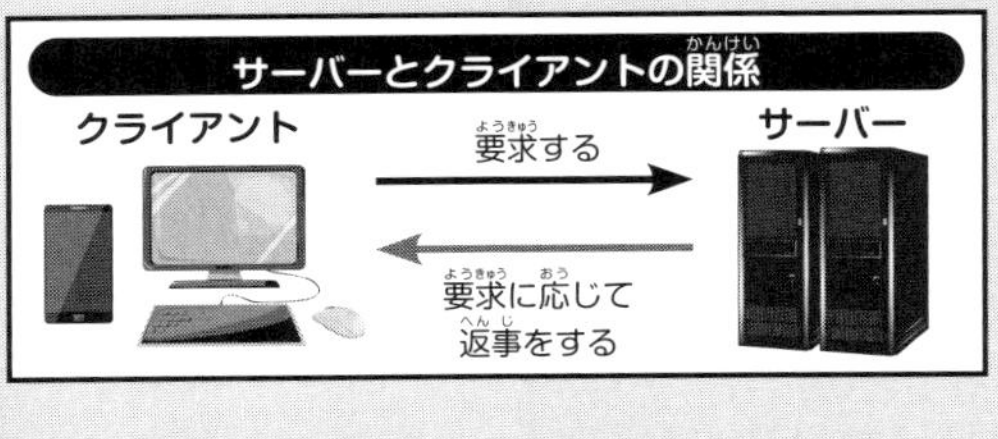

「情報化《じょうほうか》」とコンピューターの役割《やくわり》

コンピューターの普及《ふきゅう》によって社会《しゃかい》の「情報化《じょうほうか》」が加速《かそく》した

コンピューターは、人間《にんげん》なら何日《なんにち》もかかる計算《けいさん》や情報《じょうほう》処理《しょり》をあっという間《ま》に行《おこな》うことができ、たくさんの情報《じょうほう》を記憶《きおく》することができる。しかも、その性能《せいのう》は今《いま》もアップし続《つづ》けているんだ。そんなコンピューターによって、情報《じょうほう》の活用度《かつようど》が増《ま》し、情報《じょうほう》の価値《かち》が高《たか》まることを「情報《じょうほう》化《か》」という。また、通信技術《つうしんぎじゅつ》と情報処理技術《じょうほうしょりぎじゅつ》の発達《はったつ》により、生活《せいかつ》や社会《しゃかい》に大《おお》きな変化《へんか》がもたらされたことを、「IT《アイティー》(情報技術《じょうほうぎじゅつ》)革命《かくめい》」と呼《よ》ぶよ。

個人《こじん》の情報《じょうほう》もデータ化《か》して管理《かんり》身近《みぢか》なところで進《すす》む情報化《じょうほうか》

私《わたし》たちの生活《せいかつ》で見《み》ると、個人情報《こじんじょうほう》の管理《かんり》や身分証明《みぶんしょうめい》においても情報化《じょうほうか》が進《すす》んでいる。たとえば2016年《ねん》に導《どう》入《にゅう》された「マイナンバー制度《せいど》」。国民《こくみん》にとって公正《こうせい》な社会《しゃかい》の実現《じつげん》を目的《もくてき》として導入《どうにゅう》されたもので、国民一人《こくみんひとり》ひとりが12けたの番号《ばんごう》を持《も》ち、それを政府《せいふ》が情報《じょうほう》として管理《かんり》している。

マイナンバーは年金《ねんきん》や社会保険《しゃかいほけん》、納税《のうぜい》、仕事《しごと》、災《さい》害時《がいじ》の対応《たいおう》など、さまざまな場面《ばめん》で必要《ひつよう》になる。このように、あらゆる情《じょう》報《ほう》がデータ化《か》されて、それらを中心《ちゅうしん》として動《うご》いていく社会《しゃかい》のことを「情報《じょうほう》化社会《かしゃかい》」というんだ。

▼国民《こくみん》みんながもつマイナンバーは、社会保障《しゃかいほしょう》や税《ぜい》金《きん》などの制度《せいど》ともつながっているよ。

情報化《じょうほうか》が進《すす》んだことで学校《がっこう》での勉強《べんきょう》のかたちも変《か》わっていく?

情報化《じょうほうか》が進《すす》むにつれて、学校《がっこう》の教育《きょういく》も変《か》わってきているよ。学校《がっこう》の授業《じゅぎょう》で、コンピューターやタブレットPC《ピーシー》、電子黒板《でんしこくばん》を使《つか》ったことはあるかな? 今《いま》はどの学校《がっこう》にもコンピューター室《しつ》があるのが当《あ》たり前《まえ》になっているし、授業《じゅぎょう》でコンピューターを使《つか》って新聞《しんぶん》やホームページを作《さく》成《せい》したり、友《とも》だち同士《どうし》で意見《いけん》をかわしたりしているね。

でも、みんなのお父《とう》さんやお母《かあ》さんが子《こ》どもだったころには、コンピューター室《しつ》がある学校《がっこう》は少《すく》なく、紙《かみ》の教《きょう》科書《かしょ》とノート、黒板《こくばん》とチョークを使《つか》って授業《じゅぎょう》を行《おこな》うのが普通《ふつう》だった。今《いま》はコンピューターの映像《えいぞう》を使《つか》ったり、画面《がめん》上《じょう》で立体的《りったいてき》な図形《ずけい》を動《うご》かしたりすることができるから、よりわかりやすい授業《じゅぎょう》ができるし、いろいろなデジタル機《き》器《き》のあつかいに、早《はや》くからなれることができる。このように、学校《がっこう》での勉強《べんきょう》のかたちも、時代《じだい》とともに変《か》わってきているんだ。

▲みんなが受《う》けている学校《がっこう》の授業風《じゅぎょうふう》景《けい》も、昔《むかし》とは変《か》わってきているんだ。

特別《とくべつ》コラム

スーパーコンピューターってどんなもの？

最先端《さいせんたん》の技術《ぎじゅつ》によって作《つく》られた超高性能《ちょうこうせいのう》の大規模《だいきぼ》コンピューターのことを、特別《とくべつ》に「スーパーコンピューター」というよ。日本《にほん》では理化学研《りかがくけん》究所《きゅうじょ》に設置《せっち》されていた「京《けい》」が有名《ゆうめい》で、スーパーコンピューターの性能《せいのう》ランキングで世界一《せかいいち》になったこともあるんだ。その高度《こうど》な性能《せいのう》を生《い》かして、自動《じどう》車《しゃ》や半導体《はんどうたい》の開発《かいはつ》といったものづくりから、人体《じんたい》や病気《びょうき》の研究《けんきゅう》、自然科学《しぜんかがく》のシミュレーションなど、あらゆる分野《ぶんや》で活用《かつよう》された。今《いま》はより性能《せいのう》アップした後継機《こうけいき》の「富岳《ふがく》」にバトンタッチしている。

▲2012年《ねん》に作《つく》られた日本《にほん》のスーパーコンピューター「京《けい》」。

情報《じょうほう》技術《ぎじゅつ》の進化《しんか》～電話《でんわ》からスマホへ～

情報《じょうほう》技術《ぎじゅつ》の進化《しんか》によって人々《ひとびと》の暮《く》らしが変《か》わる

情報《じょうほう》技術《ぎじゅつ》の進化《しんか》で、人々《ひとびと》の暮《く》らしも変化《へんか》している。たとえば物《もの》を買《か》うときを考《かんが》えてみよう。昔《むかし》は実際《じっさい》にお金《かね》を持《も》って店《みせ》などに行《い》き、お店《みせ》の人《ひと》を通《とお》して買《か》う必要《ひつよう》があった。でも今《いま》はオンラインショッピングやネットオークションを使《つか》えば、ボタンを押《お》すだけで注文《ちゅうもん》でき、商品《しょうひん》が届《とど》けられる。家《いえ》から出《で》なくても買《か》い物《もの》をすることができるよね。

どこかへ行《い》きたいときも便利《べんり》になった。昔《むかし》は地図《ちず》を見《み》たり、人《ひと》に聞《き》いたりして経路《けいろ》を探《さが》したけど、今《いま》はルート検《けん》索《さく》機能《きのう》を使《つか》えば、目的地《もくてきち》までの道《みち》のりや、到着《とうちゃく》までの予測《よそく》時間《じかん》を教《おし》えてくれる。位置《いち》情《じょう》報《ほう》システムを使《つか》えば、いま自分《じぶん》のいる位置《いち》がわかるから、道《みち》に迷《まよ》う心配《しんぱい》も少《すく》ない。また、電車《でんしゃ》の遅《おく》れや道路《どうろ》の渋滞《じゅうたい》、天候《てんこう》の変化《へんか》などもリアルタイムで知《し》ることができるので、予定《よてい》が立《た》てやすくなったね。こうした機能《きのう》は今《いま》もどんどん進化《しんか》し続《つづ》けていて、ますます便利《べんり》になっているよ。

電子《でんし》マネーに仮想通貨《かそうつうか》……お金《かね》の情報化《じょうほうか》も進《すす》んでいる

買《か》い物《もの》に必要《ひつよう》なお金《かね》も情報化《じょうほうか》されている。たとえば電《でん》子《し》マネー。電車《でんしゃ》に乗《の》るときなどに使《つか》うＳｕｉｃａ《スイカ》やＰＡＳＭＯ《パスモ》などのカードでは、事前《じぜん》にチャージしたり、後払《あとばら》いを設定《せってい》したりすることで、現金《げんきん》を持《も》っていなくてもお金《かね》を利用《りよう》できる。Ｓｕｉｃａ《スイカ》にはＩＣ《アイシー》チップが埋《う》め込《こ》まれて「ＩＣ《アイシー》カード」と呼《よ》ばれ、改札口《かいさつぐち》の読《よ》み取《と》り機《き》と電磁波《でんじは》で金額《きんがく》をやりとりすることで、支払《しはら》いや入場《にゅうじょう》ができるんだ。

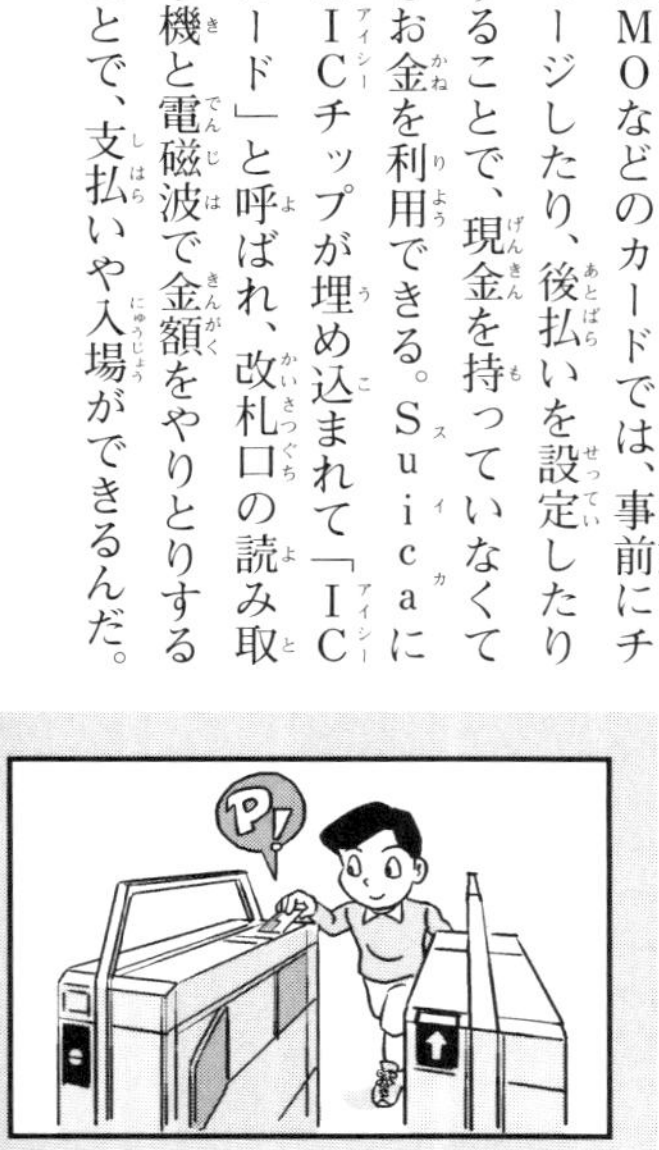

また、お金《かね》を預《あず》ける銀行《ぎんこう》でもオンライン化《か》が進《すす》んでいる。インターネットバンキングなら、銀行《ぎんこう》の窓口《まどぐち》やATM《エーティーエム》に行《い》かなくても、銀行《ぎんこう》の営業時間《えいぎょうじかん》を気《き》にせずふり込《こ》みや残高照会《ざんだかしょうかい》などをすることができる。

さらには、本物《ほんもの》の通貨《つうか》と同様《どうよう》に使用《しよう》できるデジタル上《じょう》の仮想通貨《かそうつうか》というものもある。ビットコインなどが有名《ゆうめい》だけど、公的《こうてき》な価値《かち》の保証《ほしょう》がないことなどの問題点《もんだいてん》もいわれていて、こちらはまだ十分《じゅうぶん》には普及《ふきゅう》していない。

情報化社会《じょうほうかしゃかい》に欠《か》かせない「スマホ」電話《でんわ》の進化《しんか》の歴史《れきし》とは？

こうした情報化社会《じょうほうかしゃかい》に、もはや欠《か》かせない存在《そんざい》となりつつある道具《どうぐ》が「スマートフォン（スマホ）」だ。先《さき》に紹介《しょうかい》したネットショッピングやルート検索《けんさく》、電子《でんし》マネー、インターネットバンキングなども、今《いま》ではスマホ一台《いちだい》で利用《りよう》することができる。

このスマホは、近年《きんねん》で急激《きゅうげき》に進化《しんか》した情報機器《じょうほうきき》のひとつ。昔《むかし》は家庭《かてい》の固定電話《こていでんわ》や公衆電話《こうしゅうでんわ》が使《つか》われるのが一般的《いっぱんてき》だったけど、持《も》ち運《はこ》べる携帯電話《けいたいでんわ》が開発《かいはつ》され、どこにいても通話《つうわ》することが可能《かのう》になった。その携帯電話《けいたいでんわ》にさまざまな機能《きのう》が追加《ついか》され、コンピューターに近《ちか》い性能《せいのう》を持《も》つスマホへと進化《しんか》したんだ。

最新《さいしん》のスマートフォンに搭載《とうさい》されている主《おも》な機能《きのう》

●音声入力《おんせいにゅうりょく》でウェブ検索《けんさく》

人《ひと》の声《こえ》を聞《き》き分《わ》けてウェブ検索《けんさく》を行《おこな》う機能《きのう》。たとえば「ここから○○まで」とスマホに向《む》かって話《はな》しかけるだけで、自分《じぶん》がいる位置《いち》から目的地《もくてきち》までのルートを教《おし》えてくれる。

●読書《どくしょ》

電子書籍《でんししょせき》をダウンロードすれば、どこでも読書《どくしょ》をすることが可能《かのう》。書《か》いてある文章《ぶんしょう》の内容《ないよう》を、音声《おんせい》で読《よ》み上《あ》げてくれる機能《きのう》を持《も》つものもある。

●電子《でんし》マネー

対応《たいおう》しているスマホなら、お金《かね》を直接《ちょくせつ》チャージして支払《しはら》いが可能《かのう》。スマホ一《ひと》つあれば、電車《でんしゃ》に乗《の》るのもショッピングをするのも、機械《きかい》にかざすだけで便利《べんり》だね。

◀身《み》に着《つ》けて使《つか》う「ウェアラブルデバイス」も広《ひろ》まってきているよ。

●ナビゲーション

スマホにつんであるGPS《ジーピーエス》機能《きのう》を用《もち》いて、道案内《みちあんない》をしてくれる。自動車《じどうしゃ》やバイクにつければ、カーナビとして利用《りよう》することもできる。

●健康管理《けんこうかんり》

身《み》に着《つ》けて利用《りよう》する「ウェアラブルデバイス」と連動《れんどう》することで、1日《にち》の運動量《うんどうりょう》や歩数《ほすう》、移動距離《いどうきょり》、心拍数《しんぱくすう》、消《しょう》費《ひ》カロリーなどを計測《けいそく》してスマホに記録《きろく》し、健康管理《けんこうかんり》に役《やく》だてることができる。また、専用《せんよう》の機器《きき》とあわせて、寝《ね》ている間《あいだ》に睡眠時間《すいみんじかん》や睡眠《すいみん》の深《ふか》さ、脳波《のうは》などを測定《そくてい》し記《き》録《ろく》することで、体《からだ》によい理想《りそう》の睡眠方法《すいみんほうほう》や、起床時間《きしょうじかん》を教《おし》えてくれたりもするんだ。

●テザリング

携帯電話回線《けいたいでんわかいせん》に接続《せつぞく》されたスマホを通《とお》して、ほかのコンピューターなどをインターネットに接続《せつぞく》することができる。

特別《とくべつ》コラム

携帯電話《けいたいでんわ》の進化《しんか》

1970年代《ねんだい》	電話線《でんわせん》を必要《ひつよう》としない、アナログ方式《ほうしき》の自動車電話《じどうしゃでんわ》サービスが日本《にほん》で開始《かいし》される
1985年《ねん》	肩《かた》かけタイプの携帯電《けいたいでん》話機《わき》が登場《とうじょう》
1987年《ねん》	手《て》のひらにのるくらいに小型化《こがたか》された携帯電《けいたいでん》話機《わき》が登場《とうじょう》。「携帯電《けいたいでん》話《わ》」と呼《よ》ばれるようになる
1989年《ねん》	DDI《ディーディーアイ》セルラー（現《げん》au《エーユー》）が超小型携帯電《ちょうこがたけいたいでん》話機《わき》を発売《はつばい》
1996年《ねん》	着信《ちゃくしん》メロディ機能《きのう》が搭載《とうさい》
1997年《ねん》	ショートメッセージサービスが導入《どうにゅう》
1999年《ねん》	インターネット接続《せつぞく》サービス開始《かいし》（ドコモが「i《アイ》モード」、旧DDI《きゅうディーディーアイ》セルラーが「EZWeb《イージーウェブ》」を開始《かいし》）。DDI《ディーディーアイ》ポケット（現《げん》ワイモバイル）がカメラ付《つ》き携帯電話《けいたいでんわ》を発売《はつばい》
2001年《ねん》	第《だい》3世代携帯電話《せだいけいたいでんわ》の商用《しょうよう》サービスが開始《かいし》。テレビ電話《でんわ》や高速《こうそく》データ通信《つうしん》が可能《かのう》に
2004年《ねん》	電子《でんし》マネーサービス「おサイフケータイ」が開始《かいし》
2006年《ねん》	ワンセグサービスが開始《かいし》。番号《ばんごう》ポータビリティ制度《せいど》が開始《かいし》
2008年《ねん》	ソフトバンクモバイルが日本《にほん》でiPhone《アイフォーン》を発売《はつばい》
2009年《ねん》	ドコモが日本初《にほんはつ》のAndroid《アンドロイド》 OS《オーエス》搭載《とうさい》スマートフォンを発売《はつばい》

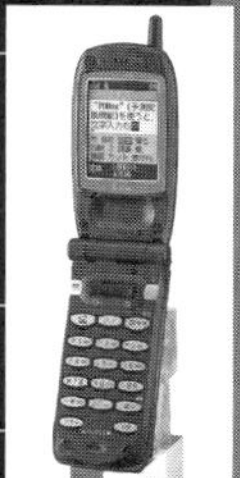

画像提供／NTTドコモ

雪《ゆき》男《おとこ》のアルバイト

情報《じょうほう》クイズQ&A《キューアンドエー》

Q 自分《じぶん》の現在地《げんざいち》がわかるGPS《ジーピーエス》は、何《なん》の電波《でんぱ》を使《つか》って位置《いち》を測《はか》っている?

①テレビ ②ラジオ ③人工衛星《じんこうえいせい》

A ③人工衛星《じんこうえいせい》 GPS《ジーピーエス》は「Global《グローバル》 Positioning《ポジショニング》 System《システム》」（全地球測位《ぜんちきゅうそくい》システム）の略称《りゃくしょう》。複数《ふくすう》の人工衛星《じんこうえいせい》から来《く》る電波《でんぱ》を受《う》けて、位置《いち》を測定《そくてい》するよ。

情報《じょうほう》クイズQ&A《キューアンドエー》

Q 外国語《がいこくご》を自動的《じどうてき》にほん訳《やく》してくれる「Google《グーグル》ほん訳《やく》」は、対応《たいおう》する言語《げんご》が100か国語《こくご》以上《いじょう》ある。本当《ほんとう》? ウソ?

A 本当《ほんとう》 2016年《ねん》2月《がつ》のアップデートで13か国語《こくご》が追加《ついか》され、対応言語《たいおうげんご》は103か国語《こくご》になった。

情報《じょうほう》クイズQ&A《キューアンドエー》

Q 日本《にほん》のソフトバンクが開発《かいはつ》した、人間《にんげん》の感情《かんじょう》を認識《にんしき》するロボットの名前《なまえ》は?

①ペッパー ②ホッパー ③スキッパー

A

①ペッパー(Pepper)　人《ひと》の顔《かお》と名前《なまえ》を覚《おぼ》えて、あいさつや会話《かいわ》をしたり、いっしょに喜《よろこ》んでもくれたりするよ。

情報《じょうほう》クイズQ&A《キューアンドエー》

Q サービス向上《こうじょう》などのために、企業《きぎょう》やお店《みせ》が大量《たいりょう》に集《あつ》める情報《じょうほう》は?

①リアルデータ　②ビッグデータ　③スマートデータ

A
②ビッグデータ　お客《きゃく》さんがレジで購入《こうにゅう》した商品《しょうひん》の情報《じょうほう》などを集《あつ》めて分析《ぶんせき》し、きめ細《こま》かいサービスの提供《ていきょう》を可能《かのう》にしたよ。

情報《じょうほう》クイズQ&A《キューアンドエー》

Q 会社《かいしゃ》や学校《がっこう》など、小規模《しょうきぼ》で使《つか》われるコンピューターネットワークのことを何《なん》という?

①LAN《ラン》
②DNS《ディーエヌエス》
③CNN《シーエヌエヌ》

A

①LAN《ラン》「Local Area Network《ローカルエリアネットワーク》」の略《りゃく》。無線《むせん》でつながれるものを「無線《むせん》LAN《ラン》」というよ。

ばれちゃったからにはしかたがない。もとのまずしいくらしにもどるしかないなあ。
えっ、またヒマラヤへ?
ドアをここへおいとくからさ、
ときどき矢《や》麻《ま》奥《おく》山《やま》へ顔《かお》をだしてくれたら……。
お礼《れい》にドラやきぐらい村《むら》の人《ひと》にだしてもらうから。
こころよく引《ひ》き受《う》けてもらえてよかったね。
みなさまごらんください。
きょうも矢《や》麻《ま》奥《おく》山《やま》は見物《けんぶつ》の人《ひと》でわきかえっております。

テレテレホン

えーっ、ほんとォ、やっぱり……。
そうそう、それから……。
ああしてこうしてペラペラ。
ソワ
ソワ
ママの電話《でんわ》はいつも長《なが》いんだから。
イライラ
出木杉《できすぎ》にだいじな用《よう》があるのに。
宿題《しゅくだい》のわからないとこをききたいんだよ。
そりゃだいじな用《よう》だ。
いいものだしてあげる。
「テレテレホン」
さあどうぞ。
これでかけられるの。

情報《じょうほう》クイズQ&A《キューアンドエー》

Q 複数《ふくすう》のデジタル機器《きき》をつないで無線通信《むせんつうしん》ができる、○○○トゥース。○○○に入《はい》るのは？

①レッド ②ブルー ③ピンク

A ②ブルー 「Bluetooth《ブルートゥース》」は昔《むかし》のデンマークの王様《おうさま》の名前《なまえ》で、機器《きき》をまとめる通信規格《つうしんきかく》にふさわしいと命名《めいめい》された。

情報《じょうほう》クイズQ&A《キューアンドエー》

Q 家庭《かてい》の電化製品《でんかせいひん》など身《み》の回《まわ》りのものを、なんでもインターネットに結《むす》ぼうという考《かんが》え方《かた》は？

①IoA《アイオーエー》 ②IoT《アイオーティー》 ③IoZ《アイオーゼット》

A ②IoT《アイオーティー》 世《よ》の中《なか》のあらゆるモノをインターネットにつないで、便利《べんり》に活用《かつよう》しようとしているよ。

情報《じょうほう》クイズQ&A《キューアンドエー》

Q コンピューターのソフトウェアを、より新《あたら》しいものにするのは? ①アップデート ②スタートアップ ③バージョンダウン

A ①アップデート　ソフトウェアの基本《きほん》は変《か》えずに、使《つか》い勝手《がって》を良《よ》くしたり修正《しゅうせい》するために行《おこな》われる。

情報《じょうほう》はすごいことを教《おし》えてくれる

情報《じょうほう》を大量《たいりょう》に集《あつ》めることで新《あたら》しい価値《かち》が生《う》まれることも

「ビッグデータ」ということばを聞《き》いたことはあるかな？　ビジネスの世界《せかい》で最近《さいきん》よく使《つか》われることばで、大《たい》量《りょう》にデジタル化《か》された情報《じょうほう》のこと。企業《きぎょう》やお店《みせ》などがそれを管理《かんり》、分析《ぶんせき》して活用《かつよう》することで、売《う》り上《あ》げを増《ふ》やし、仕入《しい》れや販売《はんばい》をスムーズにしている。ビッグデータが活《かつ》用《よう》されるようになった理由《りゆう》には以下《いか》のようなものがある。

❶多《おお》くの情報《じょうほう》がデジタル化《か》されることによって、今《いま》までは得《え》られなかったデータが取《と》れるようになった。

❷コンピューターの性能《せいのう》がアップし、今《いま》までは記録《きろく》が難《むずか》しかった、数多《かずおお》くのデータを保存《ほぞん》できるようになった。

❸コンピューターの処理速度《しょりそくど》が飛《と》びぬけて上《あ》がったことによって、今《いま》までは活用《かつよう》できなかった種類《しゅるい》のデータも利《り》用《よう》できるようになった。

情報《じょうほう》は一《ひと》つひとつでは意味《いみ》を持《も》たなくても、それが大《たい》量《りょう》に集《あつ》まることで特別《とくべつ》な意味《いみ》を持《も》つようになるんだ。

ビッグデータの例《れい》

ソーシャルメディアデータ
SNS《エスエヌエス》などに参加者《さんかしゃ》が書《か》き込《こ》むコメントやプロフィール

マルチメディアデータ
ウェブ上《じょう》の配信《はいしん》サイトなどで提供《ていきょう》される音声《おんせい》や動画《どうが》

ウェブサイトデータ
ウェブ上《じょう》のショップやブログなどにためられた購入記《こうにゅうき》録《ろく》や書《か》き込《こ》みなど

センサーデータ
GPS《ジーピーエス》やIC《アイシー》カードなどで検《けん》知《ち》された位置情報《いちじょうほう》や乗車《じょうしゃ》の記録《きろく》など

オペレーションデータ
販売管理《はんばいかんり》システムなどから作《つく》られる商品管理《しょうひんかんり》データや取引《とりひき》データなど

ログデータ
ウェブサーバーなどで自動《じどう》的《てき》に作《つく》られるアクセスログやエラーログ

オフィスデータ
オフィスのパソコンで作成《さくせい》される文書《ぶんしょ》やE《イー》メールなど

カスタマーデータ
各種《かくしゅ》サービスの会員《かいいん》カードデータや、販売《はんばい》ＰＲ《ピーアール》のためのデータなど

「ビッグデータ」はどのように活用《かつよう》されている？

たとえば、みんながよく利用《りよう》するコンビニでは、レジで商品《しょうひん》を買《か》うときに、さまざまな情報《じょうほう》をデータとして集《あつ》

めて分析《ぶんせき》している。商品《しょうひん》の売《う》り上《あ》げをはじめ、何時《なんじ》に何《なん》歳《さい》くらいのお客《きゃく》さんが来《き》て、何《なん》の商品《しょうひん》を買《か》ったかなどを集計《しゅうけい》。それを数万件《すうまんけん》、数億件《すうおくけん》とためて、ある商品《しょうひん》が売《う》れやすい時間帯《じかんたい》や客層《きゃくそう》、いっしょに買《か》われやすい商品《しょうひん》などを分析《ぶんせき》する。それによって商品《しょうひん》を並《なら》べる時間《じかん》や量《りょう》、お店《みせ》にいる店員《てんいん》の人数《にんずう》などを調整《ちょうせい》し、商品《しょうひん》の入《い》れかえや、新商品《しんしょうひん》の開発《かいはつ》などにもつなげているんだ。

また、大手《おおて》回転《かいてん》ずしチェーン店《てん》では、おすしの皿《さら》にＩＣ《アイシー》タグを取《と》りつけることで、どんな種類《しゅるい》のおすしがいつからレーンを流《なが》れ、いつ、どのテーブルで食《た》べられたかなどをデータ化《か》。曜日《ようび》や時間帯《じかんたい》などでお客《きゃく》さんが食《た》べたいものを予測《よそく》して、レーンに流《なが》すネタや量《りょう》をコントロールし、鮮度《せんど》もチェックしている。このように、ビッグデータはすでに私《わたし》たちの身近《みぢか》なところで活用《かつよう》されているよ。

ビッグデータを活用《かつよう》して今後《こんご》どんなことができる？

こうしたビッグデータの活用《かつよう》は、今後《こんご》もさらに広《ひろ》がっていくと考《かんが》えられている。そう考《かんが》えられる理由《りゆう》の一《ひと》つが、「ＩｏＴ《アイオーティー》（モノのインターネット）」と呼《よ》ばれるもの。これは、パソコンやスマートフォンだけでなく、冷蔵庫《れいぞうこ》や洗濯機《せんたくき》といった家電製品《かでんせいひん》、時計《とけい》やメガネといった身《み》の回《まわ》り品《ひん》、自動車《じどうしゃ》や電車《でんしゃ》といった交通機関《こうつうきかん》など、世《よ》の中《なか》のあらゆるモノがインターネットにつながるという考《かんが》え方《かた》で、実際《じっさい》にインターネットと接続《せつぞく》できる「スマート家電《かでん》」も開発《かいはつ》されている。

こうしたモノから発信《はっしん》されるデータを集《あつ》め分析《ぶんせき》することで、より効率的《こうりつてき》で環境《かんきょう》にもやさしい都市《とし》をつくろうという「スマートシティー」構想《こうそう》というものがある。各家庭《かくかてい》や工場《こうじょう》などでの電力《でんりょく》の使用量《しようりょう》を予想《よそう》してむだなくエネルギーを配分《はいぶん》したり、人《ひと》や自動車《じどうしゃ》の動《うご》きを予測《よそく》して渋滞《じゅうたい》をなくしたり……。そんな街《まち》づくりが、ビッグデータの活用《かつよう》によって実現《じつげん》しつつあるんだよ。

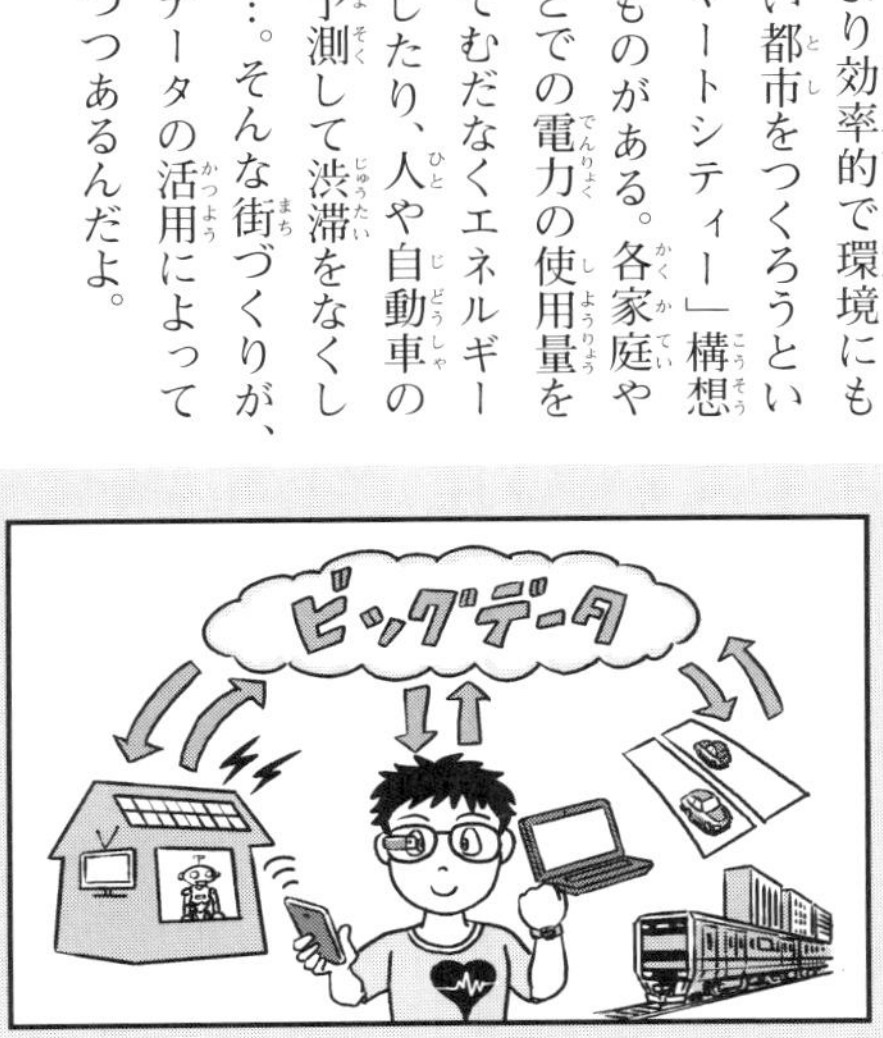

◀データをうまく収集《しゅうしゅう》・活用《かつよう》することで、よりくらしやすい街《まち》づくりが実現《じつげん》しつつある。

情報《じょうほう》技術《ぎじゅつ》でことばや距離《きょり》のかべを越《こ》える

外国語《がいこくご》を話《はな》す相手《あいて》ともかんたんに会話《かいわ》ができる

ドラえもんは、ひみつ道具《どうぐ》の「ほんやくコンニャク」を食《た》べると、どんな国《くに》の言語《げんご》でもわかるようになり、ことばの通《つう》じない相手《あいて》と会話《かいわ》ができるね。そんな夢《ゆめ》のような世界《せかい》が、現代《げんだい》の技術《ぎじゅつ》で実現《じつげん》されつつある。

最新《さいしん》のほん訳《やく》アプリや自動《じどう》ほん訳《やく》サービスなどを使《つか》えば、日本語《にほんご》を外国語《がいこくご》に、または外国語《がいこくご》を日本語《にほんご》に変《か》えることができる。音声《おんせい》でしゃべりかけると、自動的《じどうてき》に外国《がいこく》語《ご》に変《か》えて話《はな》してくれる機器《きき》を使《つか》えば、ことばの通《つう》じない相手《あいて》とも会話《かいわ》ができるんだ。少《すこ》し前《まえ》まではほん訳《やく》のまちがいも多《おお》かったけれど、使《つか》われているAI《エーアイ》（人工知能《じんこうちのう》）の進歩《しんぽ》で、性能《せいのう》は日《ひ》に日《ひ》に上《あ》がっている。いつかは動物《どうぶつ》とも会話《かいわ》ができるようになるかもしれないね。

写真提供／株式会社ログバー

▲インターネット接続《せつぞく》がいらないオフラインほん訳機《やくき》「ili（イリー）」。

遠《とお》くはなれた人同士《ひとどうし》が顔《かお》を見《み》ながら会話《かいわ》できる

情報技術《じょうほうぎじゅつ》は、ことばだけでなく距離《きょり》のかべも越《こ》えられる。たとえばテレビ会議《かいぎ》のシステムを使《つか》えば、遠《とお》くはなれた場所《ばしょ》にいる複数《ふくすう》の人《ひと》と、パソコンやスマートフォンの画面《がめん》に映《うつ》した映像《えいぞう》を通《とお》して、おたがいに顔《かお》を見《み》ながら話《はな》すことができる。東京《とうきょう》とアメリカのニューヨーク、イギリスのロンドンなどを結《むす》んで国際会議《こくさいかいぎ》をすることだってできるんだ。

また大学《だいがく》や高校《こうこう》、学習塾《がくしゅうじゅく》などでは、すでにインターネットを使《つか》った遠隔授業《えんかくじゅぎょう》のシステムで、遠《とお》い場所《ばしょ》で行《おこな》われている授業《じゅぎょう》をリアルタイムで受《う》けることも可能《かのう》だし、録画《ろくが》しておいてあとから再生《さいせい》することもできる。そのほか、海外《かいがい》の学校《がっこう》と通信《つうしん》で交《こう》

流《りゅう》したり、児童《じどう》が少《すく》ない学校《がっこう》がほかの地域《ちいき》の学校《がっこう》と結《むす》んで、いっしょに授業《じゅぎょう》を行《おこな》ったりもしているんだ。

遠《とお》い場所《ばしょ》にいる患者《かんじゃ》とつながる遠隔診療《えんかくしんりょう》システム

医療《いりょう》の分野《ぶんや》でも、距離《きょり》のかべを越《こ》えるシステムが開発《かいはつ》されている。その一《ひと》つが、パソコンやスマートフォンのテレビ電話機能《でんわきのう》を利用《りよう》して、医師《いし》と患者《かんじゃ》がはなれた場所《ばしょ》にいても病気《びょうき》を診断《しんだん》することができる「遠隔診療《えんかくしんりょう》」だ。これによって、医師《いし》がいない地域《ちいき》の人《ひと》や外出《がいしゅつ》がしにくいお年寄《としよ》りなどが、病院《びょういん》に行《い》かなくても診察《しんさつ》を受《う》けられるようになるため、今後《こんご》の普及《ふきゅう》がのぞまれているんだ。

また、VR《ブイアール》（バーチャルリアリティー）技術《ぎじゅつ》と超精密機械《ちょうせいみつきかい》がつながることで、遠《とお》くはなれた患者《かんじゃ》をロボットが手術《しゅじゅつ》する、遠隔手術《えんかくしゅじゅつ》も可能《かのう》になるといわれている。これが実現《じつげん》すれば、すぐれた技術《ぎじゅつ》をもつ医師《いし》の活《かつ》やくの場《ば》がひろがって、これまで救《すく》えなかった命《いのち》を救《すく》えるかもしれないんだ。

時間《じかん》や距離《きょり》を超《こ》える技術《ぎじゅつ》は進化《しんか》を続《つづ》けている

未来《みらい》や過去《かこ》を自由《じゆう》に行《い》き来《き》できる「タイムマシン」には、みんなあこがれるよね。ただ残念《ざんねん》ながら、まだ本物《ほんもの》のタイムマシンは実現《じつげん》されていないんだ。

それでも、時間《じかん》のかべを越《こ》える技術《ぎじゅつ》の研究《けんきゅう》は進《すす》んでいる。たとえば「テレイグジスタンス」は、遠《とお》くにいるロボットを自分《じぶん》の分身《ぶんしん》のようにあやつるという技術《ぎじゅつ》。機械《きかい》を体《からだ》につけた操縦者《そうじゅうしゃ》が動《うご》くと、遠《とお》くにいるロボットも同《おな》じ動《うご》きをし、カメラやマイクを通《とお》して視覚《しかく》や聴覚《ちょうかく》の情報《じょうほう》が共有《きょうゆう》される。これを活用《かつよう》すれば、生身《なまみ》の人間《にんげん》では危険《きけん》な作業《さぎょう》や立《た》ち入《い》れない場所《ばしょ》に行《い》くことが可能《かのう》になり、災害《さいがい》支援《しえん》や宇宙《うちゅう》の研究《けんきゅう》など、さまざまなことができる。遠隔手術《えんかくしゅじゅつ》も、この技術《ぎじゅつ》を使《つか》うんだよ。この技術《ぎじゅつ》が普通《ふつう》になれば、家《いえ》にいながら世界各地《せかいかくち》や宇宙《うちゅう》への旅行《りょこう》を体験《たいけん》できるようになるかもしれないね。

◀家《いえ》にいながら、宇宙《うちゅう》にいるロボットをあやつれるようになる日《ひ》が来《く》るかも？

人《ひと》にもやさしい情報《じょうほう》技術《ぎじゅつ》

情報《じょうほう》技術《ぎじゅつ》の進歩《しんぽ》によって障害者《しょうがいしゃ》の生活《せいかつ》を助《たす》けられる

情報《じょうほう》技術《ぎじゅつ》の進化《しんか》は、私《わたし》たちの生活《せいかつ》を便利《べんり》にしてくれるだけではなく、体《からだ》に障害《しょうがい》のある人《ひと》にとってもくらしやすい社会《しゃかい》を実現《じつげん》することができるんだ。

ことばを話《はな》すのが困難《こんなん》な人《ひと》のためには、コミュニケーション支援《しえん》ツールがある。文字《もじ》や文章《ぶんしょう》を入力《にゅうりょく》すると合成《ごうせい》した音声《おんせい》で読《よ》み上《あ》げてくれたり、伝《つた》えたいことを機械《きかい》が読《よ》み取《と》ってアニメーションで表現《ひょうげん》してくれるんだ。

視覚《しかく》に障害《しょうがい》がある人《ひと》のためには、機械《きかい》が文字《もじ》や文章《ぶんしょう》を認識《にんしき》して音声《おんせい》で読《よ》み上《あ》げたり、バーコードをスキャンすると商品《しょうひん》の情報《じょうほう》を音《おと》で教《おし》えてくれたりする。

ほかにも、目《め》の前《まえ》のものにスマートフォンのカメラを向《む》けるとそれが何《なん》であるかを音声《おんせい》で知《し》らせてくれる機器《きき》や、地図《ちず》の画面《がめん》に触《ふ》れると地名《ちめい》や施設名《しせつめい》などを読《よ》み上《あ》げて、目的地《もくてきち》までの経路《けいろ》を音声《おんせい》で案内《あんない》してくれるものなどもあるよ。

このように、人々《ひとびと》の日常生活《にちじょうせいかつ》を補助《ほじょ》する機器《きき》はたくさん開発《かいはつ》されていて、できる機能《きのう》も増《ふ》えている。ただ、障害《しょうがい》のある人《ひと》にとっては、これらの機器《きき》を使《つか》っても不便《ふべん》なことがまだまだたくさんある。街《まち》で困《こま》っている人《ひと》を見《み》かけたら、ぜひ手《て》助《だす》けしてあげようね。

▼読《よ》むことに困難《こんなん》のある子《こ》どもたちを支《し》援《えん》するマルチメディアDAISY《デイジー》（Digital《デジタル》 Accessible《アクセシブル》 Information《インフォメーション》 System《システム》）再生《さいせい》アプリ「いーリーダー」。

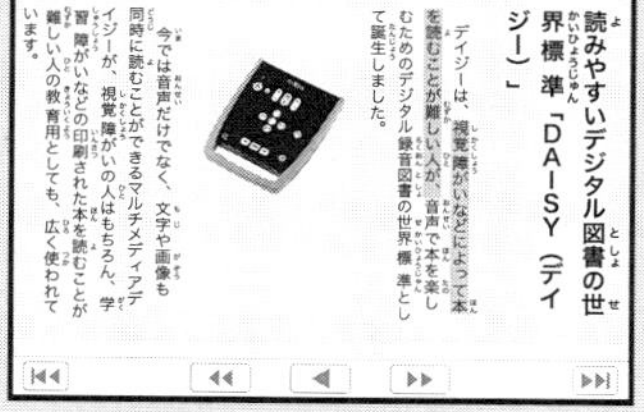

写真提供／シナノケンシ株式会社

情報《じょうほう》技術《ぎじゅつ》の活用《かつよう》でお年寄《としよ》りにもくらしやすい社会《しゃかい》に

日本《にほん》では人口《じんこう》の高齢化《こうれいか》が進《すす》んでいて、医療《いりょう》・介護《かいご》サービスの不足《ふそく》や、高齢者《こうれいしゃ》のひとりぐらしなど、さまざまな問題《もんだい》が起《お》きてきている。そんな問題《もんだい》の解決《かいけつ》にも、情報《じょうほう》技《ぎ》

術《じゅつ》の活用《かつよう》が期待《きたい》されている。

たとえば、家族《かぞく》とくらしていないお年寄《としよ》りのための見《み》守《まも》りシステム。24時間態勢《じかんたいせい》での見守《みまも》りが難《むずか》しい場合《ばあい》に、こうした通信《つうしん》システムを使《つか》えば、お年寄《としよ》りのふだんの生《せい》活《かつ》や健康管理《けんこうかんり》のサポート、家《いえ》の防犯対策《ぼうはんたいさく》などを機械《きかい》が行《おこな》い、家族《かぞく》や病院《びょういん》へ情報《じょうほう》を知《し》らせてくれる。センサーで人《ひと》の動《うご》きや体温《たいおん》、部屋《へや》の明《あか》るさなどを測《はか》り、生活《せいかつ》パターンに異変《いへん》を感《かん》じたら、すぐにメッセージや緊急信号《きんきゅうしんごう》を送《おく》ってくれるサービスもある。

最近《さいきん》では、お年寄《としよ》りの介護《かいご》を行《おこな》うロボットの開発《かいはつ》も進《すす》んでいる。見守《みまも》りシステムとしての役割《やくわり》はもちろん、トイレやお風呂《ふろ》に入《はい》るための移《い》動《どう》を助《たす》けたり、食事《しょくじ》のときのサポートをしたり、日《ひ》ごろの話《はな》し相手《あいて》としても活《かつ》やくできる可能性《かのうせい》がある。まだ技術的《ぎじゅつてき》にクリアすべき問題《もんだい》や改善点《かいぜんてん》は多《おお》いけど、今後《こんご》の実用化《じつようか》が待《ま》たれる分野《ぶんや》の一《ひと》つなんだ。

◀ひとりぐらしのお年寄《としよ》りを見守《みまも》ってくれるシステムも、普及《ふきゅう》が進《すす》んでいる。

災害時《さいがいじ》にも情報技術《じょうほうぎじゅつ》が大《おお》きな役割《やくわり》をはたす

日本《にほん》は、地震《じしん》の発生《はっせい》や火山《かざん》の噴火《ふんか》が多《おお》い国《くに》だって、みんな知《し》っているよね。なかには2011年《ねん》に発生《はっせい》した東《ひがし》日本大震災《にほんだいしんさい》のように、とんでもない大《おお》きな被害《ひがい》をもたらすこともある。そんな災害《さいがい》による被害《ひがい》を少《すこ》しでもおさえるためには、情報技術《じょうほうぎじゅつ》の活用《かつよう》が役《やく》だつんだ。

現在《げんざい》、総務省《そうむしょう》は「Lアラート」システムの普及《ふきゅう》に向《む》けて取《と》り組《く》んでいる。「Lアラート」とは、災害情報共有《さいがいじょうほうきょうゆう》システムのことで、緊急時《きんきゅうじ》に災害《さいがい》の内容《ないよう》や、どこにひなんすればよいかなどの情報《じょうほう》を、あらゆる通信方法《つうしんほうほう》で発信《はっしん》するしくみだ。これによって住民《じゅうみん》は防災行政《ぼうさいぎょうせい》無線《むせん》や緊急速報《きんきゅうそくほう》メール、テレビ・ラジオ放送《ほうそう》、インターネットなどを通《つう》じて、正確《せいかく》な災害情報《さいがいじょうほう》を手《て》に入《い》れられるようになるんだよ。

また、東日本大震災《ひがしにほんだいしんさい》や、2016年《ねん》に起《お》こった熊本地《くまもとじ》震《しん》のときには、インターネットを通《とお》して多《おお》くの人《ひと》に情報《じょうほう》が一気《いっき》に広《ひろ》まるSNS《エスエヌエス》が、被災者《ひさいしゃ》の役《やく》に立《た》ったといわれている。電話《でんわ》やメールが回線《かいせん》の混雑《こんざつ》によってつながらない中《なか》、ツイッターやフェイスブックが、被災者《ひさいしゃ》にとって重要《じゅうよう》な情報源《じょうほうげん》になったんだ。ただ逆《ぎゃく》に情報《じょうほう》が多《おお》すぎたり、正確《せいかく》でない情報《じょうほう》が混乱《こんらん》の原因《げんいん》になることもあった。そこでSNS《エスエヌエス》の情報内容《じょうほうないよう》をリアルタイムで調《しら》べて最《もっと》も適切《てきせつ》な情報《じょうほう》を選《えら》びだせる、「対災害SNS情報分析《たいさいがいエスエヌエスじょうほうぶんせき》システム」の開発《かいはつ》も積極的《せっきょくてき》に進《すす》められているよ。

最近《さいきん》では、コンピューターによる計算《けいさん》で地震《じしん》や津波《つなみ》、火山《かざん》の噴火《ふんか》などの自然災害《しぜんさいがい》を予測《よそく》し、それをCG《シージー》などで表示《ひょうじ》することも可能《かのう》になっている。地震《じしん》が発生《はっせい》したときに、観測《かんそく》データを入力《にゅうりょく》すると数分《すうふん》で津波《つなみ》の予測《よそく》ができるとされていて、実用化《じつようか》が待《ま》たれている。このように、情報《じょうほう》技術《ぎじゅつ》は私《わたし》たちの日常生活《にちじょうせいかつ》だけでなく、災害時《さいがいじ》にも大《おお》きな力《ちから》を発揮《はっき》するんだ。

未来《みらい》の家庭《かてい》には、ロボットが一家《いっか》に一台《いちだい》!?

みんなは、コミュニケーションがとれるロボットと触《ふ》れ合《あ》ったことはあるかな？　有名《ゆうめい》なのは、ソフトバンクロボティクスの人型《ひとがた》ロボット「Pepper《ペッパー》」だ。最近《さいきん》はお店《みせ》や銀行《ぎんこう》など、いろいろな場所《ばしょ》に導入《どうにゅう》されていて会《あ》う機会《きかい》も多《おお》くなったね。Pepper《ペッパー》は人間《にんげん》の感情《かんじょう》を認《にん》識《しき》するだけでなく、Pepper《ペッパー》自身《じしん》も感情《かんじょう》を持《も》つんだ。そして、会話《かいわ》をしたり、情報《じょうほう》を教《おし》えてくれたりする。

家庭用《かていよう》のPepper《ペッパー》は、家族一人《かぞくひとり》ひとりの顔《かお》と名前《なまえ》を覚《おぼ》えて、あいさつや会話《かいわ》をしてくれる。さらに話《はな》しかけたときの、状況《じょうきょう》に応《おう》じて一緒《いっしょ》に喜《よろこ》んだり、はげましてくれたりもする。

このままロボットの進化《しんか》が続《つづ》けば、ドラえもんのようなすごいロボットが一家《いっか》に一台《いちだい》いる社会《しゃかい》が、思《おも》ったよりも早《はや》くやってくるかもしれないね。

◀Pepper《ペッパー》は、スマートフォンのようにアプリケーションをダウンロードして、機能《きのう》を増《ふ》やすこともできるんだ。

大《だい》ピンチ！
スネ夫《お》の答《とう》案《あん》

情報《じょうほう》クイズQ&A《キューアンドエー》

Q 個人《こじん》のプライバシーを守《まも》るために制定《せいてい》された法律《ほうりつ》は?

①特定《とくてい》秘密《ひみつ》保護法《ほごほう》 ②個人情報保護法《こじんじょうほうほごほう》 ③サイバーセキュリティ基本法《きほんほう》

A ②個人情報保護法《こじんじょうほうほごほう》　情報化《じょうほうか》が急速《きゅうそく》に進《すす》む中《なか》で、個人《こじん》の権利《けんり》を守《まも》るために作《つく》られ2005年《ねん》に全面的《ぜんめんてき》に施行《しこう》された。

情報《じょうほう》クイズQ&A《キューアンドエー》

Q 歴史上《れきしじょう》の人物《じんぶつ》である「織田信長《おだのぶなが》」には、個人情報保護法《こじんじょうほうほごほう》が適用《てきよう》されない。本当《ほんとう》？　ウソ？

A 本当《ほんとう》 歴史上《れきしじょう》の人物《じんぶつ》は個人情報保護法《こじんじょうほうほごほう》の対象《たいしょう》にならないよ。

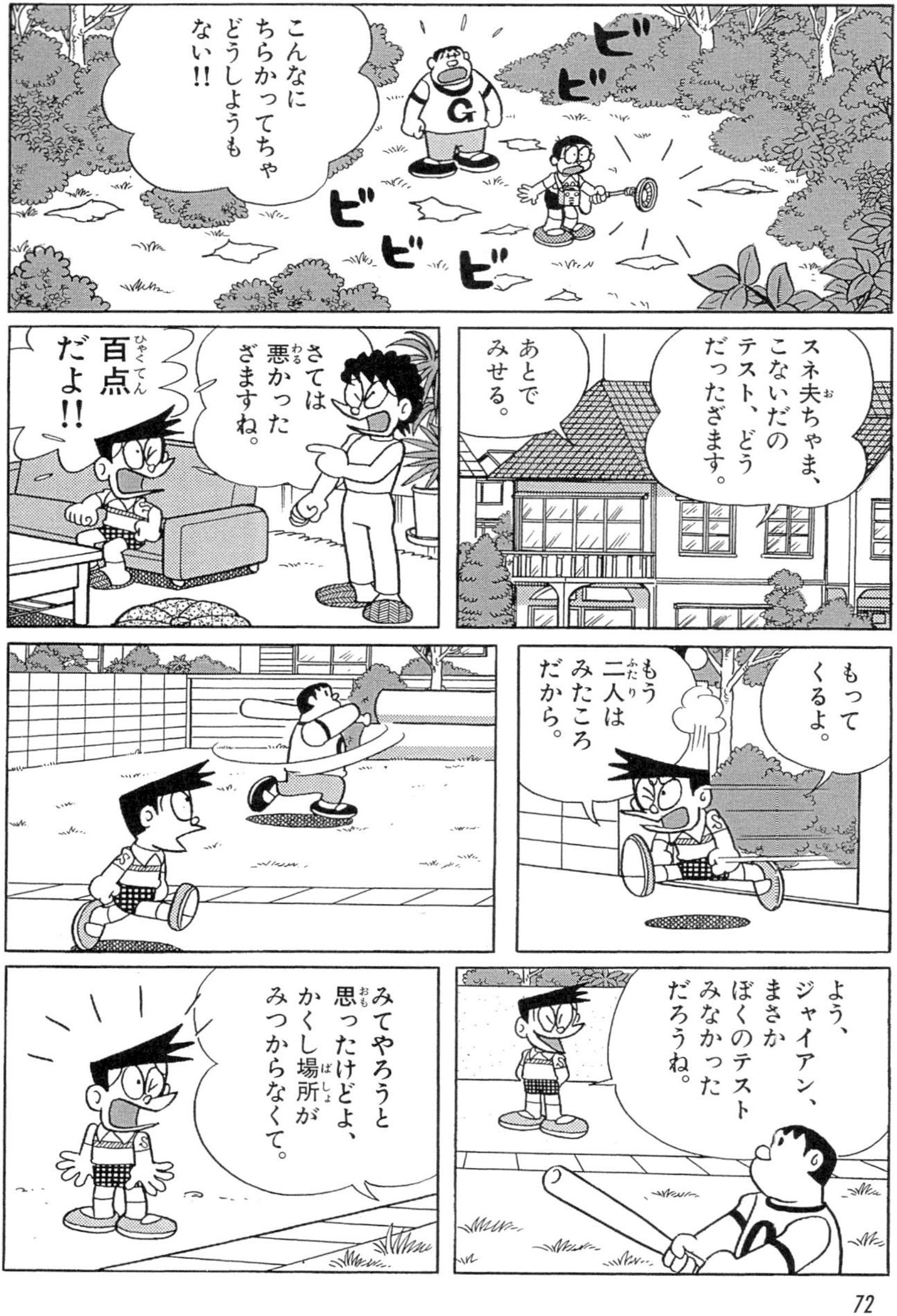

情報《じょうほう》クイズQ&A《キューアンドエー》

Q 大事《だいじ》な個人情報《こじんじょうほう》を盗《ぬす》み出《だ》そうと送《おく》られてくるメールは?

①ダークメール ②ハンティングメール ③フィッシングメール

A ③フィッシングメール　ニセのメールで相手《あいて》をだまして情報《じょうほう》を得《え》ようという行動《こうどう》を、フィッシング（つり）にたとえて名付《なづ》けられた。

情報《じょうほう》クイズQ&A《キューアンドエー》

Q 個人情報《こじんじょうほう》の適切《てきせつ》な取《と》り扱《あつか》いを示《しめ》すロゴマークを、何《なん》という?

①エコマーク ②トレードマーク ③プライバシーマーク

A ③プライバシーマーク　個人情報《こじんじょうほう》の取《と》り扱《あつか》いが適切《てきせつ》であると認定《にんてい》された企業《きぎょう》や団体《だんたい》が、サイトなどに表示《ひょうじ》して使用《しよう》することができるよ。

知《し》られちゃ困《こま》る！「個人情報《こじんじょうほう》」

「個人情報《こじんじょうほう》」はむやみに他人《たにん》に教《おし》えてはいけない！

これまでのページでは情報《じょうほう》のすごいところや便利《べんり》なところを話《はな》してきたけど、情報《じょうほう》のあつかい方《かた》には、注意《ちゅうい》すべき点《てん》もたくさんある。一人《ひとり》ひとりの人間《にんげん》に関《かん》する情報《じょうほう》を「個人情報《こじんじょうほう》」というけれど、これをむやみに他人《たにん》に教《おし》えると、こまった問題《もんだい》が起《お》きてしまうこともあるんだ。

たとえば、名前《なまえ》、生年《せいねん》月日《がっぴ》、住所《じゅうしょ》、電話番号《でんわばんごう》、メールアドレス、通《かよ》っている学校《がっこう》や塾《じゅく》の名前《なまえ》、自分《じぶん》の顔写真《かおじゃしん》など。これらが公開《こうかい》されてもし悪《わる》い人《ひと》に知《し》られると、変《へん》な人《ひと》につきまとわれたり、いたずら電話《でんわ》やドロボウ、ゆうかいの被害《ひがい》にあったりするかもしれない。もし個人情報《こじんじょうほう》が入《はい》った携帯電話《けいたいでんわ》やカードなどをなくしてしまったら、すぐにおうちの人《ひと》に相談《そうだん》して悪用《あくよう》されないように手続《てつづ》きしてもらおう。

個人情報《こじんじょうほう》はどこからもれる？インターネットの利用法《りようほう》に要注意《ようちゅうい》！

知《し》らない人《ひと》に個人情報《こじんじょうほう》を教《おし》えてはいけないのはもちろんだけど、インターネットを使《つか》うときにも、特《とく》に注意《ちゅうい》が必要《ひつよう》だ。SNS《エスエヌエス》で「家族旅行《かぞくりょこう》に行《い》く」という話《はなし》をつぶやいたら、るすをねらってドロボウに入《はい》られたというできごとも実際《じっさい》にあった。インターネット上《じょう》にある情報《じょうほう》は、あっという間《ま》に世界中《せかいじゅう》に広《ひろ》がってだれでも見《み》ることができるようになるし、一度公開《いちどこうかい》してしまうとあとから消《け》そうとしても、完全《かんぜん》に消《け》すことはとてもむずかしくなる。

また、名前《なまえ》や電話番号《でんわばんごう》だけでなく、銀行《ぎんこう》のキャッシュカードの暗証番号《あんしょうばんごう》や、インターネット上《じょう》で使《つか》う個人《こじん》を特《とく》定《てい》するためのID《アイディー》やパスワードなどもすごく大切《たいせつ》なもの。それらが他人《たにん》に知《し》られると、勝手《かって》にお金《かね》をおろされたり、

買《か》い物《もの》をされたりする可能《かのう》性《せい》だってある。

こんなにだいじな個人情《こじんじょう》報《ほう》だから、それを守《まも》り、また利用《りよう》する方法《ほうほう》が法律《ほうりつ》で決《き》められている。それが「個《こ》人情報保護法《じんじょうほうほごほう》」だ。たとえば、インターネットで商品《しょうひん》を買《か》うときや、雑誌《ざっし》のプレゼントに応募《おうぼ》するときなどには、名前《なまえ》や住所《じゅうしょ》などの個人情報《こじんじょうほう》を入力《にゅうりょく》する必要《ひつよう》があるね。そのときに個人情報《こじんじょうほう》を受《う》け取《と》るほうは、利用目的《りようもくてき》をはっきりと公表《こうひょう》して利用《りよう》し、その目的以外《もくてきいがい》で利用《りよう》しないように守《まも》ることなどが、この法律《ほうりつ》で決《き》められているんだよ。

小《ちい》さな情報《じょうほう》を組《く》み合《あ》わせることでも個人《こじん》を特定《とくてい》できてしまう!?

今《いま》はスマホで写真《しゃしん》をとってすぐに、インターネット上《じょう》に公開《こうかい》することができるね。そんなときに、気《き》をつけなければいけないことがある。自分《じぶん》が持《も》っているバッグに名前《なまえ》や通《かよ》っている学校《がっこう》が書《か》いてあったり、後《うし》ろの電柱《でんちゅう》に、そこの住所《じゅうしょ》が書《か》いてあるかもしれない。またカメラの設《せっ》定《てい》によっては、写真《しゃしん》を撮影《さつえい》した場所《ばしょ》が画像《がぞう》データからわかってしまうこともある。

こうした情報《じょうほう》は、一《ひと》つだけではだれのことかわからなくても、いくつかの情報《じょうほう》を組《く》み合《あ》わせることで個人《こじん》を特定《とくてい》できてしまうこともあるんだ。なにげなくとった写真《しゃしん》でも、どこに個人情報《こじんじょうほう》がかくれているかはわからない。公開《こうかい》する前《まえ》に、しっかりと確認《かくにん》をしよう。

▼楽《たの》しそうな記念写真《きねんしゃしん》。でもそこにうつった情報《じょうほう》をつなぎ合《あ》わせると、自分《じぶん》の名前《なまえ》や学校《がっこう》、誕生日《たんじょうび》などがわかってしまうことも。

特別《とくべつ》コラム

SNS《エスエヌエス》の画像《がぞう》からお金《かね》を盗《ぬす》まれた!?

2015年《ねん》にオーストラリアで、ある女性《じょせい》が競馬《けいば》の予想《よそう》を当《あ》て、その当《あ》たり券《けん》を持《も》った自分《じぶん》の写真《しゃしん》をFacebook《フェイスブック》にのせた。しばらくして券《けん》をお金《かね》にかえようとすると、払《はら》い戻《もど》しができない。実《じつ》はSNS《エスエヌエス》を見《み》ただれかが画像《がぞう》からバーコードを読《よ》み取《と》って、先《さき》にお金《かね》を持《も》っていったんだ。彼女《かのじょ》のページは友《とも》だちしか見《み》られないようになっていたため、犯《はん》人《にん》は友《とも》だちのだれかということになる。彼女《かのじょ》はお金《かね》を盗《ぬす》まれただけでなく、友《とも》だちをうたがわなければいけなくなってしまったんだ。

他人《たにん》の「個人情報《こじんじょうほう》」も大切《たいせつ》にしよう！

自分《じぶん》も友《とも》だちも、だれもが同《おな》じように個人情報《こじんじょうほう》を持《も》っている

大切《たいせつ》なのは、自分《じぶん》の個人情報《こじんじょうほう》だけではない。家族《かぞく》や友《とも》だちの情報《じょうほう》も、本人《ほんにん》にとっては大切《たいせつ》な個人情報《こじんじょうほう》だ。だから他人《たにん》の名前《なまえ》や電話番号《でんわばんごう》、メールアドレスなどを知《し》っていても、勝手《かって》にだれかに教《おし》えたり、ネット上《じょう》に書《か》きこんだりしてはいけないし、それらが書《か》かれたものをだれかに渡《わた》したり、すてたりしてもいけないよ。インターネットの中《なか》に「○組《くみ》の○○くん」と友《とも》だちの名前《なまえ》を書《か》いただけでも、君《きみ》が公開《こうかい》している情報《じょうほう》と組《く》み合《あ》わせて、友《とも》だち個人《こじん》を特定《とくてい》されてしまうかもしれない。

SNS《エスエヌエス》のグループトークやチャットの会話《かいわ》などでも、友《とも》だちどうしだからといって自《じ》分《ぶん》や他人《たにん》の個人情報《こじんじょうほう》を、むやみに書《か》き込《こ》むのは要注意《ようちゅうい》。友《とも》だちがスマートフォンを落《お》として他人《たにん》に知《し》られてしまうとか、まちがって情報《じょうほう》をコピーして、他人《たにん》が見《み》られる場《ば》所《しょ》に個人情報《こじんじょうほう》がひろがる可能性《かのうせい》だってあるからね。

プライバシーは保護《ほご》しなければならない

「プライバシー」ということばを聞《き》いたことがあるかな？　プライバシーとは、他人《たにん》にのぞかれない、一人《ひとり》ひとりに与《あた》えられた私生活上《しせいかつじょう》の自由《じゆう》のこと。だれでも、自分《じぶん》の秘密《ひみつ》はできるだけ他人《たにん》に知《し》られたくないよね？　だから、人《ひと》のプライバシーは守《まも》られるべきだし、プライバシーに関《かん》することを他人《たにん》が勝手《かって》に公開《こうかい》してはいけないんだ。

たとえば、自分《じぶん》が知《し》らないところで、友《とも》だちがインター

ネットの掲示板《けいじばん》に君《きみ》の名前《なまえ》と、君《きみ》が学校《がっこう》で失敗《しっぱい》した話《はなし》を書《か》き込《こ》んでいたら、とてもいやな気《き》もちになると思《おも》う。このように、人《ひと》がいやがるような情報《じょうほう》を公開《こうかい》することを「プライバシーの侵害《しんがい》」というんだ。

勝手《かって》に自分《じぶん》の写真《しゃしん》を撮影《さつえい》され公開《こうかい》されても、いやな気《き》もちになるよね。これも「プライバシーの侵害《しんがい》」だ。家族《かぞく》や友《とも》だちでも、顔《かお》が写《うつ》った写真《しゃしん》を本人《ほんにん》の許可《きょか》なくインターネット上《じょう》に公開《こうかい》することは、その人《ひと》のプライバシーをおかすことになる。ソフトウエアを使《つか》って顔《かお》をぼかすなど、あらかじめ写真《しゃしん》を加工《かこう》してからにしよう。

また、たとえ家族《かぞく》やなかのよい友《とも》だちだとしても、メールの内容《ないよう》やスマートフォンの中身《なかみ》などを勝手《かって》に見《み》るのも、プライバシーの侵害《しんがい》にあたるからしてはいけないよ。

君《きみ》の個人情報《こじんじょうほう》もねらわれている!? コンピューターウイルスに要注意《ようちゅうい》

自分《じぶん》では個人情報《こじんじょうほう》をもらさないように気《き》をつけていても、インターネットでは外《そと》から攻撃《こうげき》されて情報《じょうほう》を盗《ぬす》まれることもあるんだ。その一《ひと》つが〝コンピューターウイルス〟。悪意《あくい》のある人《ひと》が作《つく》ったプログラムのことで、コンピューターやスマホがこのウイルスに感染《かんせん》してしまうと、システムをこわされたり、中《なか》に保存《ほぞん》している情報《じょうほう》をネットにばらまかれたりする。連絡先《れんらくさき》や画像《がぞう》などが流出《りゅうしゅつ》すると、家族《かぞく》や友《とも》だちにもめいわくがかかることになるよ。

またインターネット上《じょう》には悪質《あくしつ》なウェブサイトもあって、そこを見《み》ただけでウイルスに感染《かんせん》させられたり、身《み》に覚《おぼ》えのないお金《かね》を要求《ようきゅう》されたりすることもあるんだ。ほかにも知《し》らないアドレスから突然《とつぜん》メールやメッセージが送《おく》られてきて、「プレゼントに当選《とうせん》しました!」などの甘《あま》いことばで危険《きけん》なウェブサイトにさそったり、個人情《こじんじょう》報《ほう》を盗《ぬす》もうとしたりする「フィッシングメール」というめいわくメールもある。

こうした危険《きけん》への対策《たいさく》としては、コンピューターやスマートフォンにセキュリティーソフトを入《い》れておくことが役《やく》に立《た》つ。それでもウイルスは日《ひ》に日《ひ》に新《あたら》しく強力《きょうりょく》になっていくから、常《つね》にシステムを最新《さいしん》にしておくことが重《じゅう》要《よう》だよ。知《し》らないアドレスから来《き》たメールは開《ひら》かないこと、あやしいと思《おも》ったらメールを送《おく》ったり、リンクをクリックしないことを心《こころ》がけよう。

知《し》っておきたいネット上《じょう》でのエチケット

インターネットにもルールやマナーがある

インターネットの利用者《りようしゃ》は今《いま》や世界《せかい》で35億人《おくにん》以上《いじょう》（2016年《ねん》）。世界中《せかいじゅう》で2人《ふたり》に1人《ひとり》が利用《りよう》している計算《けいさん》になるんだ。インターネットでメールを送《おく》ったり、ホームページを見《み》たり、何《なに》かを調《しら》べたりするということは、この35億人《おくにん》のなかまに入《はい》っていくということ。一人《ひとり》でインターネットを使《つか》っていても、その先《さき》にはたくさんの人《ひと》がいるということを忘《わす》れないようにしよう。

▲インターネットの先《さき》には、いろんな国《くに》の、いろんな人《ひと》たちがいることを意識《いしき》しよう。

学校《がっこう》やみんなが利用《りよう》する公共《こうきょう》の場所《ばしょ》に規則《きそく》があるように、インターネットにも守《まも》らなくてはいけないルールやマナーがある。それをネットワークとエチケットをまぜたことばで「ネチケット」というんだ。ネチケットを守《まも》らないと、トラブルにまきこまれたり、危険《きけん》な目《め》にあったり、人《ひと》にめいわくをかけたりしてしまうこともある。便利《べんり》なインターネットをみんなが楽《たの》しく安全《あんぜん》に利用《りよう》するために、ルールやマナーを学《まな》び、守《まも》っていくことが大切《たいせつ》なんだ。

インターネットを正《ただ》しく安全《あんぜん》に使《つか》うための「ネチケット」

「ネチケット」といっても、特別《とくべつ》にむずかしいものではない。ふだんの生活《せいかつ》でしてはいけないことは、ネット上《じょう》でもしてはいけないのはあたりまえのことだからね。

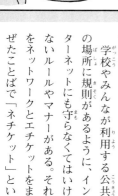

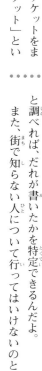

まず、SNS《エスエヌエス》やネットの掲示板《けいじばん》などに、うそやうわさなどを本当《ほんとう》のことのように書《か》いてはいけない。それによってだれかに迷惑《めいわく》をかけるかもしれないし、最悪《さいあく》の場合《ばあい》、法律《ほうりつ》で罰《ばつ》を受《う》けることだってある。自分《じぶん》の名前《なまえ》や連絡先《れんらくさき》を明《あ》かしていなくても、ネットワークをたどってきちんと調《しら》べれば、だれが書《か》いたかを特定《とくてい》できるんだよ。

また、街《まち》で知《し》らない人《ひと》について行《い》ってはいけないのと

同《おな》じで、インターネットを通《とお》して知《し》り合《あ》った人《ひと》と直接会《ちょくせつあ》ったり、自《じ》分《ぶん》の情報《じょうほう》を教《おし》えたりすることはとても危険《きけん》だ。相手《あいて》はうそをついているかもしれないし、知《し》った情報《じょうほう》を悪用《あくよう》しないとも限《かぎ》らない。実際《じっさい》に、SNS《エスエヌエス》で知《し》り合《あ》った人《ひと》と会《あ》ってみたら性別《せいべつ》も年齢《ねんれい》も聞《き》いていたのとちがって、危《あぶ》ない目《め》にあったという人《ひと》はたくさんいる。もちろん、ネットで知《し》り合《あ》った人《ひと》と気《き》が合《あ》うこともあるかもしれないけれど、もしも実際《じっさい》に会《あ》ってみたい場《ば》合《あい》は、必《かなら》ずおうちの人《ひと》と相談《そうだん》してからにしよう。

インターネットは便利《べんり》だけど、多《おお》くの人《ひと》が使《つか》っている分《ぶん》、危険《きけん》もあるということをよく意識《いしき》しておこう。

ネットが人《ひと》を傷《きず》つけることも……深《ふか》い「ネットいじめ」の問題《もんだい》

インターネットを使《つか》ったコミュニケーションでは顔《かお》が見《み》えないけど、ネットの向《む》こうには自分《じぶん》と同《おな》じ生身《なまみ》の人《にん》間《げん》がいる。だから、ふだんの生活《せいかつ》と同《おな》じように、相手《あいて》の気《き》もちを考《かんが》えながら行動《こうどう》することが大切《たいせつ》だ。

人《ひと》の悪口《わるぐち》や、相手《あいて》がいやな気《き》もちになることを書《か》かないのはもちろん、ちょっとしたことばづかいにも注意《ちゅうい》が必要《ひつよう》だ。文字《もじ》のやりとりでは声《こえ》や表情《ひょうじょう》が伝《つた》わらないから、じょうだんで書《か》いたつもりが、友《とも》だちを傷《きず》つけたりおこらせたりしてしまうこともある。そして、そこからケンカやいじめにつながることもあるかもしれない。特《とく》に、ネットでのいじめは最近《さいきん》、とても深刻《しんこく》な問題《もんだい》になっている。ネットでのグループの会話《かいわ》でみんなから悪口《わるぐち》をいわれたり、無視《むし》をされたりといったことが起《お》こっている。

ネット上《じょう》のことだけど、これもれっきとした「いじめ」だ。しかもネットいじめは外部《がいぶ》からは見《み》えにくいので、まわりの大人《おとな》が気《き》づかないまま悪化《あっか》することが多《おお》い。もし自分《じぶん》がいじめを受《う》けたり、友《とも》だちのそんなようすを見《み》かけたりしたら、必《かなら》ずおうちの人《ひと》や先生《せんせい》に相談《そうだん》しよう。各都道府県《かくとどうふけん》の教育委員会《きょういくいいんかい》や警察《けいさつ》にも、24時間対応《じかんたいおう》の相《そう》談窓口《だんまどぐち》があるので、一人《ひとり》で悩《なや》まず相談《そうだん》することが大切《たいせつ》だよ。

特別《とくべつ》コラム

いじめの相談《そうだん》窓口《まどぐち》（全国共通《ぜんこくきょうつう》）

●24時間子供《じかんこども》SOSダイヤル
0120−0−78310

●子《こ》どもの人権《じんけん》110番《ばん》
0120−007−110
（平日《へいじつ》8時《じ》30分《ふん》〜17時《じ》15分《ふん》）

特別《とくべつ》コラム

これって大丈夫《だいじょうぶ》？　個人情報《こじんじょうほう》の扱《あつか》い方《かた》

【問題《もんだい》】個人情報《こじんじょうほう》を守《まも》るために、次《つぎ》の❶～❺の行動《こうどう》が正《ただ》しいかどうか、○×で判断《はんだん》してみよう。

❶両親《りょうしん》がいないとき、家《いえ》に役所《やくしょ》の職員《しょくいん》だという人《ひと》から電話《でんわ》がかかってきて、「書《しょ》類《るい》を作《つく》るのに必要《ひつよう》なので、家族構成《かぞくこうせい》を教《おし》えてください」と言《い》われたので、答《こた》えた。

❷友《とも》だちにメールアドレスを紙《かみ》に書《か》いて教《おし》えてもらった。携帯電話《けいたいでんわ》の電話帳《でんわちょう》にのせたのでアドレスを黒《くろ》くぬりつぶした後《あと》で紙《かみ》を小《ちい》さくやぶり、家《いえ》のごみ箱《ばこ》にすてた。

❸学校《がっこう》の運動会《うんどうかい》でいい写真《しゃしん》がとれたので、ＳＮＳ《エスエヌエス》で友《とも》だちに送《おく》りたい。そこにいた人《ひと》が何人《なんにん》か写真《しゃしん》に写《うつ》っていたが、写《しゃ》真《しん》を加工《かこう》して顔《かお》をスタンプでかくしたので、写《うつ》った人《ひと》に許可《きょか》を取《と》る必要《ひつよう》はない。

❹携帯電話《けいたいでんわ》にメールが届《とど》き、開《ひら》くと「ご利用《りよう》ありがとうございます。料金《りょうきん》○万円《まんえん》をお支払《しはら》いください。キャンセルする場《ば》合《あい》は以下《いか》のＵＲＬ《ユーアールエル》から手続《てつづ》きしてください」と書《か》いてあった。身《み》におぼえがないので、すぐにキャンセル手続《てつづ》きを行《おこな》った。

❺ＳＮＳ《エスエヌエス》で名前《なまえ》はハンドルネームを使《つか》っていて、プロフィールは非公開《ひこうかい》にしている。たくさんの人《ひと》となかよくなりたいので、年齢《ねんれい》が近《ちか》い人《ひと》からの友《とも》だち申請《しんせい》があったら、許可《きょか》するようにしている。

【正解と解説】

❶ ×　家族構成《かぞくこうせい》だって立派《りっぱ》な個人情報《こじんじょうほう》。役所《やくしょ》の人《ひと》が電話《でんわ》で個人情報をたずねてくることはないから、サギの可能性《かのうせい》もあるよ。

❷ ○　紙《かみ》には友《とも》だちのメールアドレスという個人情報《こじんじょうほう》が書《か》いてある。ぬりつぶして紙《かみ》をやぶってからすてたのはりっぱだ。個人情報《こじんじょうほう》が書《か》かれたものをすてる場合《ばあい》は、こまかく切《き》る、シュレッダーにかけるなどだれにも見《み》えない状態《じょうたい》にしよう。丸《まる》めてすてるだけでは、だれかがひろったら個人情報《こじんじょうほう》が知《し》られることになるよね。

❸ ○　画像処理《がぞうしょり》などで顔《かお》をかくしてだれかがわからないようになっていれば、問題《もんだい》はない。ただ、トラブルをさけるには写《うつ》っている人《ひと》にあらかじめ了解《りょうかい》をもらうほうがいいね。

❹ ×　知《し》らないアドレスから来《き》たメールにＵＲＬ《ユーアールエル》が書《か》いてあったら、悪質《あくしつ》なサイトにさそいこもうとしている可能性《かのうせい》が高《たか》い。おぼえがないのであれば、あわてる必要《ひつよう》はないよ。まずは落《お》ち着《つ》いて大《おと》人《な》に相談《そうだん》しよう。

❺ ×　ＳＮＳ《エスエヌエス》で友《とも》だちをつくろうとすることは悪《わる》いことではないけど、友《とも》だち申請《しんせい》を何《なん》でもむやみに受《う》け入《い》れてはいけない。もし申請《しんせい》をしてきたのが悪《わる》さをしようとしている人《ひと》だったら、きみがプロフィールを非公開《ひこうかい》にしていても、うまい手段《しゅだん》で個人情報《こじんじょうほう》を聞《き》きだそうとするから注意《ちゅうい》しよう。

あやうし！ライオン仮面《かめん》

ワハハハ、ライオン仮面《かめん》、もはや、のがれることはできんぞ！
ワーッ
ワーッ
10月号につづく
いいところで切《き》れちゃうんだ、いつも。

情報《じょうほう》クイズQ&A《キューアンドエー》

Q 子《こ》どもが遊《あそ》びで描《か》いた絵《え》にも、作者《さくしゃ》が作品《さくひん》に対《たい》してもつ「著作権《ちょさくけん》」がある。本当《ほんとう》？　ウソ？

A 本当《ほんとう》　人《ひと》のまねではなく、独自《どくじ》で考《かんが》えて創作《そうさく》したものなら、どんなものにも著作権《ちょさくけん》があるんだ。

情報《じょうほう》クイズQ&A《キューアンドエー》

Q 図書館《としょかん》で貸《か》し出《だ》されている本《ほん》なら、一冊分《いっさつぶん》まるまるコピーしてもいい。本当《ほんとう》？　ウソ？

A ウソ　図書館《としょかん》で本《ほん》の一部《いちぶ》だけを館内《かんない》でコピーすることはよいけど、一冊《いっさつ》すべてをコピーするのは法律的《ほうりつてき》にだめだよ。

情報《じょうほう》クイズQ&A《キューアンドエー》

Q 映像《えいぞう》DVD《ディーブイディー》などの複製《ふくせい》が作《つく》れないようにする仕組《しく》みは? ①コピーガード ②セーフガード ③ライフガード

A ①コピーガード　CD《シーディー》やDVD《ディーブイディー》、ブルーレイ、ゲームソフトなどに用《もち》いられて、違法《いほう》に複製《ふくせい》ができないよう保護《ほご》しているよ。

情報《じょうほう》クイズQ&A《キューアンドエー》

Q 作者《さくしゃ》の「著作権《ちょさくけん》」が保護《ほご》される期間《きかん》は、それぞれの国《くに》によって違《ちが》う。本当《ほんとう》? ウソ?

A 本当《ほんとう》　日本《にほん》では基本的《きほんてき》に作者《さくしゃ》の死後《しご》50年《ねん》と定《さだ》められているけど、100年《ねん》や70年《ねん》、25年《ねん》など、さまざまなんだ。

情報《じょうほう》クイズQ&A《キューアンドエー》

Q あやしいウェブサイトから、違法《いほう》にコピーされた映画《えいが》をダウンロードして見《み》たら法律《ほうりつ》で罰《ばっ》せられる。本当《ほんとう》? ウソ?

A 本当《ほんとう》　サイトに違法《いほう》にアップした人《ひと》だけでなく、それをわかっていてダウンロードした人《ひと》も罪《つみ》に問《と》われる。

あとのことは、来月号《らいげつごう》までに、考《かん》えようというわけか。
そうらしいね。
なんという、無責任《むせきにん》なわしだ!!
10月号
ぼくはしらないよ。
つづきが、気《き》になるなあ。
なんなら、さらい月《げつ》へ行《い》って、11月号《がつごう》を!
いそいでねえ。
買《か》ってきたよ。
場面《ばめん》が変《か》わって、オシシ仮面《かめん》のいとこのオカメ仮面《かめん》がでてる。
原稿《げんこう》、まだですかっ!。
しかたない。まるうつししよう。

情報《じょうほう》クイズQ&A《キューアンドエー》

Q 日本《にほん》で最大《さいだい》の、著作権《ちょさくけん》を管理《かんり》している団体《だんたい》の名前《なまえ》は?

① JAXA《ジャクサ》

② JARO《ジャロ》

③ JASRAC《ジャスラック》

A ③JASRAC《ジャスラック》 正式名称《せいしきめいしょう》は「日本音楽著作権協会《にほんおんがくちょさくけんきょうかい》」で、日本《にほん》における作詞《さくし》・作曲《さっきょく》など、音楽《おんがく》の著作権《ちょさくけん》を管理《かんり》する。

著作権《ちょさくけん》ってどういう権利《けんり》？

文化《ぶんか》を生《う》み出《だ》してきた先人《せんじん》たちを大切《たいせつ》にしよう

みんなは、ふだん本《ほん》を読《よ》んだり好《す》きな音楽《おんがく》や映画《えいが》、テレビなどを楽《たの》しんだりしているよね？　それらは、すべてだれかが苦労《くろう》してつくり上《あ》げたもの。だから、それを他人《たにん》が勝手《かって》にまねしたり、本人《ほんにん》の許可《きょか》なく公開《こうかい》したりすることは禁《きん》じられている。こうした作品《さくひん》をつくった人《ひと》が持《も》つ権利《けんり》を、「著作権《ちょさくけん》」というよ。

またテレビも、多《おお》くの研究者《けんきゅうしゃ》の長年《ながねん》の仕事《しごと》のおかげでできた製品《せいひん》だ。しばらく前《まえ》までは、ドラえもんのまんがにも登場《とうじょう》するブラウン管《かん》テレビが使《つか》われていたけれど、多《おお》くの発明《はつめい》が積《つ》み上《あ》げられて、今《いま》の薄型《うすがた》テレビができた。こうした発明《はつめい》を他人《たにん》が勝手《かって》に使《つか》ってお金《かね》もうけすることをふせぐために、「特許権《とっきょけん》」という制度《せいど》ができたんだ。

著作権《ちょさくけん》や特許権《とっきょけん》を大切《たいせつ》にし、そしてルールを守《まも》って活用《かつよう》することで、産業《さんぎょう》も文化《ぶんか》も発展《はってん》する。最初《さいしょ》にエジソンが電灯《でんとう》を発明《はつめい》し、それが世《よ》の中《なか》に広《ひろ》まって、夜《よる》でも勉強《べんきょう》や仕事《しごと》ができるようになった。まんがの世界《せかい》でも、手塚《てづか》治虫《おさむ》という巨匠《きょしょう》が『鉄腕《てつわん》アトム』『ジャングル大帝《たいてい》』を世《よ》の中《なか》に出《だ》してから、多《おお》くの若者《わかもの》がまんが家《か》を志《こころざ》すようになった。ドラえもんを生《う》んだ藤子《ふじこ》・F《エフ》・不二雄《ふじお》先生《せんせい》も、手塚先生《てづかせんせい》の影響《えいきょう》を受《う》けた一人《ひとり》なんだよ。

そういった先人《せんじん》の努力《どりょく》をうやまい、法律《ほうりつ》で決《き》められたとおりに発明品《はつめいひん》や作品《さくひん》などを利用《りよう》することが大切《たいせつ》だ。ここからあとは著作権《ちょさくけん》についてくわしく説明《せつめい》していくよ。

文章《ぶんしょう》、音楽《おんがく》、絵《え》などにはすべて「著作権《ちょさくけん》」がある

だれかがつくった作品《さくひん》を「著作物《ちょさくぶつ》」、著作物《ちょさくぶつ》をつくった人《ひと》を「著作者《ちょさくしゃ》」、著作者《ちょさくしゃ》に対《たい》して法律《ほうりつ》であたえられる権利《けんり》を「著作権《ちょさくけん》」という。みんな法律《ほうりつ》で決《き》まっているんだ。

著作権《ちょさくけん》は、作品《さくひん》が上手《じょうず》にできているかどうか、お金《かね》をはらう価値《かち》があるかないかなどは関係《かんけい》ない。つまり、君《きみ》がかいた作文《さくぶん》や絵《え》も著作物《ちょさくぶつ》で、君《きみ》に著作権《ちょさくけん》があるんだ。学問《がくもん》の論文《ろんぶん》や、小説《しょうせつ》・詩歌《しいか》・俳句《はいく》などの文芸作品《ぶんげいさくひん》が著《ちょ》

作物《さくぶつ》であることはわかるよね。音楽《おんがく》や絵画《かいが》もピンとくるはずだ。テレビ番組《ばんぐみ》、映画《えいが》、ビデオソフト、ゲームソフト、写真《しゃしん》などもそうだし、日本舞踊《にほんぶよう》やバレエ、ダンスなどの振《ふ》り付《つ》けにも著作権《ちょさくけん》が発生《はっせい》する。

東京都上野《とうきょうとうえの》にある国立西洋美術館《こくりつせいようびじゅつかん》は、世界的《せかいてき》に有名《ゆうめい》な建築家《けんちくか》が設計《せっけい》し、世界遺産《せかいいさん》にもえらばれた。こうした創造的《そうぞうてき》な建築物《けんちくぶつ》も著作権《ちょさくけん》の対象《たいしょう》なんだ。ほかにも、地図《ちず》や図形《ずけい》の著作物《ちょさくぶつ》、プログラムの著作《ちょさく》物《ぶつ》なども法律《ほうりつ》に示《しめ》されているよ。

作品《さくひん》をつくった人《ひと》をうやまい正《ただ》しいルールのもとで利用《りよう》しよう

個人情報《こじんじょうほう》やプライバシーと同《おな》じように、著作権《ちょさくけん》も法律《ほうりつ》で守《まも》られている。著作権《ちょさくけん》についての決《き》まりである「著作《ちょさく》権法《けんほう》」では、著作物《ちょさくぶつ》を勝手《かって》にコピーしたり演奏《えんそう》したり、また貸《か》したり売《う》ったりしてはいけないということが定《さだ》められている。法律《ほうりつ》の決《き》まりを破《やぶ》ると、「著作権《ちょさくけん》の侵害《しんがい》」となり、犯罪《はんざい》になってしまうよ。

たとえば『ドラえもん』の作品《さくひん》では、登場《とうじょう》するキャラクターはもちろん、まんがやアニメ、主題歌《しゅだいか》にも著作権《ちょさくけん》がある。個人的《こじんてき》にドラえもんの絵《え》をかいて楽《たの》しむことは問《もん》題《だい》ないけど、それを使《つか》ってお金《かね》もうけをするなど、自分《じぶん》の利益《りえき》につながることに利用《りよう》してはいけないんだ。

音楽《おんがく》や映像《えいぞう》などもコピーすることが許《ゆる》されるのは、自《じ》分《ぶん》だけで楽《たの》しむ場合《ばあい》のみ。自分《じぶん》が買《か》ったCD《シーディー》をパソコンやスマートフォンに取《と》りこむとか、テレビ番組《ばんぐみ》を録画《ろくが》して、あとで自分《じぶん》で見《み》るために保存《ほぞん》するのはOK《オーケー》。でも録《ろく》音《おん》や録画《ろくが》したものを友《とも》だちにあげたり、インターネット上《じょう》に公開《こうかい》したりするのはいけないことなんだよ。

最初《さいしょ》に話《はな》したように、学問《がくもん》や芸術《げいじゅつ》というものは、今《いま》までにそれをつくってきた人《ひと》たちの苦労《くろう》の上《うえ》に成《な》り立《た》っている。そうした先人《せんじん》たちへの敬意《けいい》を忘《わす》れずに、正《ただ》しいルールのもとで利用《りよう》していくことが大事《だいじ》だ。

きみがもしもまんが家《か》になりたいなら、ドラえもんをそっくりまねするのではなく、ドラえもんよりもっと楽《たの》しいまんがをかこうと努《ど》力《りょく》をしよう。そうすることで、まんが文化《ぶんか》が発展《はってん》するんだ。

知《し》らないうちに私《わたし》が犯罪者《はんざいしゃ》!? 著作権《ちょさくけん》のルール

違法《いほう》にアップロードされた動画《どうが》に注意《ちゅうい》しよう

「違法《いほう》アップロード」ということばを知《し》っているかな？音楽《おんがく》や映像《えいぞう》などの著作物《ちょさくぶつ》を無断《むだん》でインターネット上《じょう》に公開《こうかい》することを「違法《いほう》アップロード」といって、著作権法《ちょさくけんほう》いはんになる。テレビ番組《ばんぐみ》や映画《えいが》などの動画《どうが》が違法《いほう》にアップロードされている動画《どうが》サイトがあった場合《ばあい》、アップロードした人《ひと》はもちろんだけど、動画《どうが》をダウンロードした人《ひと》も罰《ばつ》を受《う》ける対象《たいしょう》になってしまうんだ。

最近《さいきん》はdTV《ディーティービー》、Hulu《フールー》、Netflix《ネットフリックス》、Amazon《アマゾン》 Prime《プライム》 Video《ビデオ》など、インターネット上《じょう》の正式《せいしき》なサービスとしてドラマ、映画《えいが》、アニメなどを配信《はいしん》しているサイトがあるから、見《み》たいものがあればこうしたサービスを利用《りよう》しよう。インターネットで動画《どうが》を見《み》る場合《ばあい》は、それがどこから配信《はいしん》されているか、しっかりと確認《かくにん》することが大切《たいせつ》だよ。

学校《がっこう》の利用《りよう》はどうなる？著作権《ちょさくけん》の例外的《れいがいてき》なルール

著作権《ちょさくけん》のルールには、いくつか例外《れいがい》もある。たとえば、音楽《おんがく》の授業《じゅぎょう》で歌《うた》ったり演奏《えんそう》したりする曲《きょく》。これにも著作《ちょさく》者《しゃ》がいて、もちろん曲《きょく》の著作権《ちょさくけん》はある。でも学校《がっこう》の授業《じゅぎょう》や行事《ぎょうじ》で使《つか》うのであれば、著作者《ちょさくしゃ》の許可《きょか》がなくても利用《りよう》してもいいというルールなんだ。こうした過去《かこ》の曲《きょく》を学《まな》ぶことで、将来《しょうらい》きみたちが新《あたら》しい音楽作品《おんがくさくひん》を生《う》み出《だ》してくれることを期待《きたい》しているからだよ。

先人《せんじん》の仕事《しごと》の上《うえ》に、きみたちが創造《そうぞう》をしていく、それをくりかえすことが文化《ぶんか》を発展《はってん》させるんだ。絵画《かいが》でいうと、ルネサンス時代《じだい》はキリスト教《きょう》の宗教画《しゅうきょうが》ばかりだったけど、やがて貴族《きぞく》の姿《すがた》を油絵《あぶらえ》でかくようになった。その後《ご》、一般《いっぱん》の人々《ひとびと》の生活《せいかつ》や風景《ふうけい》がえがかれはじめ、モネ、ドガ、ルノワール、セザンヌなどに代表《だいひょう》される印象派《いんしょうは》とい

う画家《がか》集団《しゅうだん》が生《う》まれた。そして抽象画《ちゅうしょうが》などの現代絵画《げんだいかいが》が生《う》まれてくる……というように、画家《がか》たちの創意工夫《そういくふう》によって、絵画《かいが》の世界《せかい》は発展《はってん》してきたんだ。

著作者《ちょさくしゃ》の許可《きょか》なく利用《りよう》できるか判断《はんだん》する基準《きじゅん》となるのは、お金《かね》などの利益《りえき》をえることを目的《もくてき》としているかどうか。学校《がっこう》の授業《じゅぎょう》で利用《りよう》するのはお金《かね》もうけが目的《もくてき》ではないから、許可《きょか》なく利用《りよう》してもよいことになっている（お金《かね》もうけのことを営利行為《えいりこうい》ともいう）。

楽譜《がくふ》のコピーも、授業《じゅぎょう》で歌《うた》ったり演奏《えんそう》したりするために行《おこな》うのであれば問題《もんだい》はない。でも、それ以外《いがい》の目的《もくてき》で曲《きょく》を使用《しよう》したり、必要《ひつよう》な枚数以上《まいすういじょう》に楽譜《がくふ》をコピーしたりすると、著作権侵害《ちょさくけんしんがい》になるよ。ほかにも、このようなときには許可《きょか》なく著作物《ちょさくぶつ》を利用《りよう》することができる。

●お昼《ひる》の校内放送《こうないほうそう》で自分《じぶん》が持《も》っているCD《シーディー》の曲《きょく》を流《なが》す

●文化祭《ぶんかさい》の出《だ》しものとして曲《きょく》を演奏《えんそう》する

※ただし、演奏《えんそう》するときにお客《きゃく》さんから入場料《にゅうじょうりょう》などのお金《かね》を取《と》ったり、演奏者《えんそうしゃ》やアーティストをよんで出演料《しゅつえんりょう》をはらう場合《ばあい》は営利目的《えいりもくてき》になるので、あらかじめ許可《きょか》が必要《ひつよう》になる。

●文化祭《ぶんかさい》の演劇《えんげき》や学芸会《がくげいかい》などで、人気劇団《にんきげきだん》の脚本《きゃくほん》を使用《しよう》する。

※ただし、脚本《きゃくほん》をそのまま演《えん》じる場合《ばあい》のみ。内容《ないよう》に変化《へんか》を加《くわ》える場合《ばあい》は、著作者《ちょさくしゃ》のOK《オーケー》が必要《ひつよう》になるよ。

特別《とくべつ》コラム

著作権《ちょさくけん》には保護《ほご》される期間《きかん》がある

著作権《ちょさくけん》はそれが守《まも》られる期間《きかん》があり、日本《にほん》では原則的《げんそくてき》に著作者《ちょさくしゃ》が亡《な》くなってから70年《ねん》（2018年《ねん》12月《がつ》に延長《えんちょう》）。それをすぎると、だれでも自由《じゆう》に使《つか》ってよいとされているんだ。明治時代《めいじじだい》の作家《さっか》、夏目漱石《なつめそうせき》や森鷗外《もりおうがい》の作品《さくひん》は、もう著作権《ちょさくけん》が切《き》れているよ。

著作権《ちょさくけん》が消《き》えた文学作品《ぶんがくさくひん》などのテキストを、インターネット上《じょう》で公開《こうかい》している「青空文庫《あおぞらぶんこ》」というサイトもあるんだ。過去《かこ》の作品《さくひん》を自由《じゆう》に読《よ》めれば、その時代《じだい》の人々《ひとびと》の気《き》もちや、社会《しゃかい》のようすについて考《かんが》えたりできる。家《いえ》の近所《きんじょ》に図書館《としょかん》がなくても、インターネットがあれば名作《めいさく》にふれられる「青空文庫《あおぞらぶんこ》」は便利《べんり》だね。

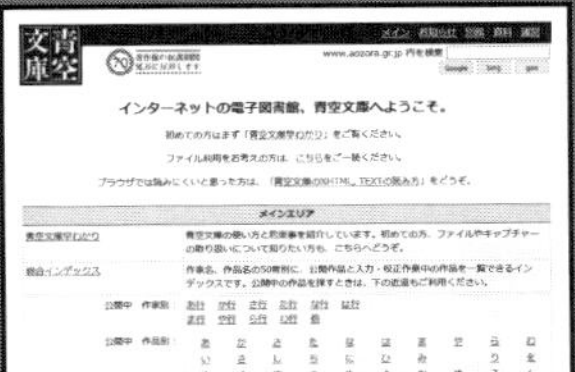

▲「青空文庫《あおぞらぶんこ》」は電子図書館《でんしとしょかん》の一《ひと》つ。ここで見《み》られる作品《さくひん》は、基本的《きほんてき》にコピーしたり配《くば》ったりしても問題《もんだい》ないよ。

ルールを守《まも》って正《ただ》しく「引用《いんよう》」しよう

「人間《にんげん》は考《かんが》える葦《あし》である」と昔《むかし》の人《ひと》は言《い》ったよ

夏休《なつやす》みの自由研究《じゆうけんきゅう》で、セミの一生《いっしょう》についてしらべるとしよう。図書館《としょかん》でしらべてレポートを書《か》いてもいい。野《の》山《やま》でセミを観察《かんさつ》するのもあり。でもインターネットで「セミの一生《いっしょう》」と検索《けんさく》すれば、かんたんに情報《じょうほう》が見《み》つかるからといって、それを〝コピペ〟（コピー&《アンド》ペーストをちぢめたことば。しらべた内容《ないよう》をそのままうつすこと）してはダメだよ。

公園《こうえん》でセミを見《み》つけて、どうしてここにいるのだろうと不思議《ふしぎ》に思《おも》う。しらべていくうちに、セミがどんな場《ば》所《しょ》で育《そだ》っているかわかる。そんな好奇心《こうきしん》が科学《かがく》を進歩《しんぽ》させ、文化《ぶんか》を発展《はってん》させるんだ。ネット上《じょう》の情報《じょうほう》をコピペして学校《がっこう》へ提出《ていしゅつ》するのは楽《らく》だけれど、それではきみは何《なに》も進歩《しんぽ》しない。

昔《むかし》、パスカルという哲学者《てつがくしゃ》が「人間《にんげん》は考《かんが》える葦《あし》（水辺《みずべ》に生《は》える細長《ほそなが》い植物《しょくぶつ》）である」という名言《めいげん》を残《のこ》した。人間《にんげん》は自然界《しぜんかい》では弱《よわ》い存在《そんざい》だけど、ほかの動物《どうぶつ》にはできない思《し》考《こう》するという力《ちから》がある、という意味《いみ》だ。自分《じぶん》の頭《あたま》で考《かんが》えるということが、人間《にんげん》の本質《ほんしつ》なんだよ。

かんたんにできるコピペばかりでは、物《もの》を考《かんが》えなくなる。それがみんなの進歩《しんぽ》を止《と》め、未来《みらい》の産業《さんぎょう》や文化《ぶんか》が育《そだ》たなくなるんだ。大切《たいせつ》なことだから、よくおぼえておいてね。

似《に》ているようでまったくちがう「引用《いんよう》」と「盗用《とうよう》」

他人《たにん》の著作物《ちょさくぶつ》を勝手《かって》に使用《しよう》することは、「盗用《とうよう》」といって犯罪《はんざい》になる。ネットの情報《じょうほう》を勝手《かって》にコピーして、自分《じぶん》で書《か》いたふりをしてレポートするのもいけないよ。

でも著作権法《ちょさくけんほう》では、「引用《いんよう》」はしてもいいというルールも定《さだ》められている。この「引用《いんよう》」とは、決《き》まりを守《まも》れば、相手《あいて》に許可《きょか》なく本《ほん》やサイトの記事《きじ》からことばや文章《ぶんしょう》を使《つか》っていいというもの。「盗用《とうよう》」や「盗作《とうさく》」とはちがい、著作《ちょさく》権法《けんぽう》でもみとめられているやりかただ。

小学館《しょうがくかん》の国語辞典《こくごじてん》にも、このように書《か》かれている。

●「引用《いんよう》」
説明《せつめい》をおぎなうため、人《ひと》のことばや文章《ぶんしょう》などを、自分《じぶん》の話《はなし》や文章《ぶんしょう》の中《なか》にかりて使《つか》うこと。

●「盗用《とうよう》」
他人《たにん》の作品《さくひん》やアイデアなどを無断《むだん》でこっそり使《つか》うこと。

（出典：小学館『例解学習 国語辞典 第十版』金田一京助編 深谷圭助編集代表）

他人《たにん》の作品《さくひん》からことばや文章《ぶんしょう》を〝正《ただ》しく借《か》りる〟ことはできても、〝無断《むだん》で使《つか》う〟ことは許《ゆる》されない。「引用《いんよう》」と「盗用《とうよう》」が、はっきりちがうのはわかるね。パソコンやスマートフォンでは、気《き》がるに記事《きじ》や文章《ぶんしょう》をコピペしてしまいがちだけど、こうしたルールを知《し》っておこう。

◀他人《たにん》の文章《ぶんしょう》を「丸写《まるうつ》し」したり、「コピペ」したりするのはルールいはん。自分《じぶん》の勉強《べんきょう》にもならないので、絶対《ぜったい》にやめよう。

学校《がっこう》の授業《じゅぎょう》でレポートを書《か》くときや、自由研究《じゆうけんきゅう》などで発表《はっぴょう》するときも、書籍《しょせき》やネット上《じょう》に書《か》かれた記事《きじ》を参考《さんこう》にするのは問題《もんだい》ないし、必要《ひつよう》なはんいであればことばや文章《ぶんしょう》をうつすのもOK《オーケー》。ただし、必要以上《ひつよういじょう》に使《つか》ってはいけないし、丸写《まるうつ》しなんてもってのほかだ。それはルールに反《はん》するし、自分《じぶん》の勉強《べんきょう》のためにもならない。きちんと自分《じぶん》で考《かんが》えて自分《じぶん》のことばでまとめよう。

またそのときには、参考《さんこう》にさせてもらった書籍《しょせき》やインターネットのサイトなどを、ここから使《つか》いましたとしっかり書《か》く必《ひつ》要《よう》がある。本《ほん》や書籍《しょせき》から引用《いんよう》したのなら、作《さく》品名《ひんめい》、作者名《さくしゃめい》、発行《はっこう》している出版社《しゅっぱんしゃ》など、ホームページなどから引《いん》用《よう》したのなら、サイト名《めい》やURL《ユーアールエル》などを表記《ひょうき》しよう。ルールをしっかりと理解《りかい》し、元《もと》の著《ちょ》作者《さくしゃ》への敬意《けいい》をもって正《ただ》しく「引用《いんよう》」しよう。

SNS《エスエヌエス》にもある「引用《いんよう》」のしくみ

インターネット上《じょう》のやりとりでも「引用《いんよう》」ということばが使《つか》われている。たとえば、Twitter《ツイッター》の引用《いんよう》リツイートだ。だれかのツイートを、発言者《はつげんしゃ》の名前《なまえ》もふくめてそのまま自分《じぶん》のタイムライン上《じょう》にのせるのがリツイート。そこに自分《じぶん》の意見《いけん》なども付《つ》け加《くわ》えてのせることを、引《いん》用《よう》リツイートというんだ。かつては非公式《ひこうしき》だったけど、2015年《ねん》に公式《こうしき》に新《あたら》しい機能《きのう》として加《くわ》わった。

宇《う》宙《ちゅう》完《かん》全《ぜん》大《だい》百《ひゃっ》科《か》

セーフだ!!
アウトだ!!
この目《め》ではっきりみたぞ!スネ夫《お》のすべりこみセーフだ!!
いーや、おれの返球《へんきゅう》がいっしゅんはやかった!アウトだ!!
いつまでもめてるんだろ。
ぼく宿題《しゅくだい》がまだなんだけどな。
ぼくだって。
おれも。
そうだ、宿題《しゅくだい》だ。
ぼくは人《ひと》一倍《ばい》時間《じかん》がかかるんだ。
帰《かえ》ろ!
うちはいらないなあ。
百科《ひゃっか》事典《じてん》ならもうあるから。
いやいやそれはちがいますよ。

情報《じょうほう》クイズQ&A《キューアンドエー》

Q ウェブサイトのある場所《ばしょ》のことを表《あらわ》す、アルファベット3文字《もじ》はどれ?

①NBL《エヌビーエル》
②URL《ユーアールエル》
③XML《エックスエムエル》

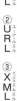

A ②URL《ユーアールエル》「Uniform Resource Locator《ユニフォーム リソース ロケーター》」の略《りゃく》で、インターネット上《じょう》の住所《じゅうしょ》のようなもの。

情報《じょうほう》クイズQ&A《キューアンドエー》

Q いつも閲覧《えつらん》するウェブサイトを記録《きろく》しておく「ブックマーク」とは、どんな意味《いみ》？

①表紙《ひょうし》 ②帯《おび》 ③しおり

A ③しおり　本《ほん》にしおりをはさむように、ウェブサイトがどこにあるかわかるよう、ブラウザに登録《とうろく》することからいう。

情報《じょうほう》クイズQ&A《キューアンドエー》

Q ネットには走《はし》り方《かた》を教《おし》えてくれるビデオがある。本当《ほんとう》? うそ?

A 本当《ほんとう》 かけっこが速《はや》くなるように、検索《けんさく》して運動会《うんどうかい》の前《まえ》に見《み》てみよう。

情報《じょうほう》クイズQ&A《キューアンドエー》

Q いろいろなウェブサイトを見《み》て回《まわ》ることを何《なん》という？

①ネットスキー　②ネットサーフィン　③ネットダイビング

A ②ネットサーフィン　インターネットでのサイト閲覧《えつらん》を、サーフィンで波《なみ》から波《なみ》へと移《うつ》る様子《ようす》にたとえた言葉《ことば》だよ。

わからないことがあったら、しらべてみよう

情報《じょうほう》技術《ぎじゅつ》を活用《かつよう》して「しらべ学習《がくしゅう》」をしよう

情報《じょうほう》技術《ぎじゅつ》は私《わたし》たちの生活《せいかつ》を便利《べんり》にしてくれるだけでなく、学校《がっこう》の授業《じゅぎょう》や家《いえ》での勉強《べんきょう》にも役立《やくだ》てることができるよ。情報《じょうほう》技術《ぎじゅつ》が進化《しんか》したおかげで、そばにドラえもんがついていて教《おし》えてくれなくても、しらべものをすることが以前《いぜん》より手軽《てがる》で便利《べんり》になってきたんだ。

わからないことや疑問《ぎもん》に思《おも》ったことについてしらべ、わかったことを文章《ぶんしょう》にまとめたり、発表《はっぴょう》したりすることを「しらべ学習《がくしゅう》」というよね。社会科見学《しゃかいかけんがく》や理科実験《りかじっけん》、夏《なつ》休《やす》みの自由研究《じゆうけんきゅう》などもしらべ学習《がくしゅう》の一《ひと》つだ。

しらべ学習《がくしゅう》では、まず興味《きょうみ》のあることや、しらべてみたいことの中《なか》から、テーマを決《き》めよう。テーマが決《き》まったら、本《ほん》を読《よ》んだり、インターネットでしらべたり、人《ひと》に聞《き》いたりして情報《じょうほう》をあつめ、自分《じぶん》の考《かんが》えをまとめるんだ。

大切《たいせつ》なのは、最初《さいしょ》にしっかりと計画《けいかく》を立《た》てること。取《と》り組《く》みたいことがあやふやなままでは、答《こた》えにたどりつけなかったり、途中《とちゅう》であきらめてしまったりする。何《なに》についていつ、どこで、どんな方法《ほうほう》でしらべるのかなどを、事前《じぜん》に決《き》めておこう。

また、役立《やくだ》つ情報《じょうほう》を見《み》つけたときには、どこにどんなことが書《か》いてあったかを、必《かなら》ずノートなどに記録《きろく》しておくこと。また、あとでリポートや発表《はっぴょう》で内容《ないよう》を「引用《いんよう》」するのであれば、100～101ページで説明《せつめい》したように、それをどこからしらべたのかがわかるように、参考《さんこう》にした文章《ぶんしょう》がどこにあったか記録《きろく》しておこう。

インターネットの検索《けんさく》システムをしらべ学習《がくしゅう》に役立《やくだ》てよう

みんなはわからないことやしらべたいことがあったらどうする？　大人《おとな》に聞《き》く？　本《ほん》を使《つか》ってしらべる？　ド

ラえもんだったらひみつ道具《どうぐ》を使《つか》うけど、ここでは便利《べんり》なインターネット検索《けんさく》について紹介《しょうかい》しよう。

インターネット上《じょう》には数《かぞ》えきれないほどの情報《じょうほう》が存在《そんざい》する。これらをパソコンやスマホから「検索《けんさく》」することで、たくさんの情報《じょうほう》を、すばやく知《し》ることができるんだ。検索《けんさく》サイトとして代表的《だいひょうてき》なのは、Google《グーグル》やYahoo!《ヤフー》など。パソコンやスマホ、タブレットなどのウェブブラウザーから使《つか》うことができるよ。

veerapong takonok/Shutterstock.com

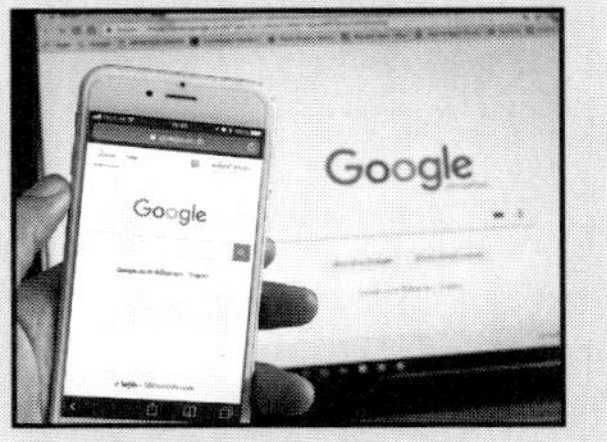

また、インターネットを使《つか》うなら、メールやSNS《エスエヌエス》などで人《ひと》に聞《き》くというのも一《ひと》つの手段《しゅだん》だね。ただ、インターネット上《じょう》には不確《ふたし》かな情報《じょうほう》もたくさんあるから、発表《はっぴょう》や課題提出《かだいていしゅつ》などをする場合《ばあい》には、必《かなら》ず同《おな》じことを本《ほん》でもしらべるなどして、本当《ほんとう》かどうかをしっかりと確認《かくにん》しよう。

実際《じっさい》にテーマを決《き》めて しらべ学習《がくしゅう》をしてみよう

みんなには何《なに》か、しらべてみたいテーマはあるかな？ 取《と》り組《く》みやすいテーマをいくつか紹介《しょうかい》するので、参考《さんこう》にしてみてね。

●昔《むかし》の道具《どうぐ》と今《いま》の道具《どうぐ》

うちわからせんぷう機《き》へ、せんたく板《いた》からせんたく機《き》へ、またそろばんからコンピューターへ、など昔《むかし》と今《いま》の道具《どうぐ》を比《くら》べて、そのはじまりから進化《しんか》、使《つか》われ方《かた》の変化《へんか》などについてしらべてみよう。

●星空《ほしぞら》と星座《せいざ》のいわれ

夜《よる》の星空《ほしぞら》を見上《みあ》げると、どんな星《ほし》が見《み》えるかな？ 季《き》節《せつ》が変《か》われば見《み》える星《ほし》も変化《へんか》するし、その星《ほし》と星《ほし》を結《むす》ぶと、星座《せいざ》の形《かたち》も見《み》えてくる。季節《きせつ》ごとに見《み》える星座《せいざ》の種《しゅ》類《るい》や、そのいわれなどをしらべてみよう。

●動物《どうぶつ》とその生態《せいたい》

世界《せかい》にはさまざまな動物《どうぶつ》がいるよね。動物《どうぶつ》にはすごく細《こま》かい分類《ぶんるい》の仕方《しかた》があって、住《す》むところや食《た》べるものもそれぞれにちがう。そうした動物《どうぶつ》の種類《しゅるい》や生態《せいたい》、進化《しんか》の歴史《れきし》などをしらべてみよう。日本《にほん》の動物《どうぶつ》やアフリカの動《どう》物《ぶつ》など、エリアをしぼってしらべてみるのもいいね。

ここであげたのはあくまでも例《れい》だよ。まずは身近《みぢか》なところから疑問《ぎもん》を探《さが》し出《だ》してしらべ学習《がくしゅう》をしてみよう。

まずは「検索《けんさく》」からはじめよう！

インターネットの検索《けんさく》サイトを使《つか》ってみよう！

ここからは、実際《じっさい》にインターネットの検索《けんさく》サイトを使《つか》って、わからないことや気《き》になることをしらべるやり方《かた》を説明《せつめい》していこう。

とはいっても、やり方《かた》はかんたん。どの検索《けんさく》サイトでも、しらべたいことばを入力《にゅうりょく》して、「検索《けんさく》」ボタンを押《お》すだけ。すると、そのことばに関連《かんれん》したページの一《いち》らんが出《で》てくるので、そこから自分《じぶん》がしらべたいことについて書《か》かれているページを選《えら》べばいい。情報《じょうほう》がたくさんあるから、ためになるものや自分《じぶん》に合《あ》うページをしぼりこんでもいいし、いくつかのページを見《み》くらべて参考《さんこう》にするのもいいね。

「桜《さくら》」というキーワードを検索《けんさく》サイトでしらべてみると……？

たとえば、Google《グーグル》検索《けんさく》バーに「桜《さくら》」と入力《にゅうりょく》してみよう。すると、桜《さくら》の木《き》についての説明《せつめい》や開花《かいか》情報《じょうほう》、また「桜《さくら》」というタイトルの曲《きょく》や「桜《さくら》」という名前《なまえ》のキャラクターなど、「桜《さくら》」ということばに関連《かんれん》するページの情報《じょうほう》が画面《がめん》にたくさん表示《ひょうじ》されるはずだ。

それぞれにサイト名《めい》とURL《ユーアールエル》、説明《せつめい》の一部《いちぶ》がならんで表示《ひょうじ》されていて、見《み》たいページをクリックすると、そのページに飛《と》ぶことができるよ。飛《と》んだ先《さき》でほしい情報《じょうほう》が見《み》つからなければ、またもとの検《けん》索《さく》画面《がめん》にもどって、ちがうページをさがせばいいんだ。

また、検索《けんさく》ワードの下《した》にあるタブで「画像《がぞう》」を選《えら》べば画《が》

▼Google《グーグル》で「桜《さくら》」と検索《けんさく》すると、こんな結果《けっか》が表示《ひょうじ》される。

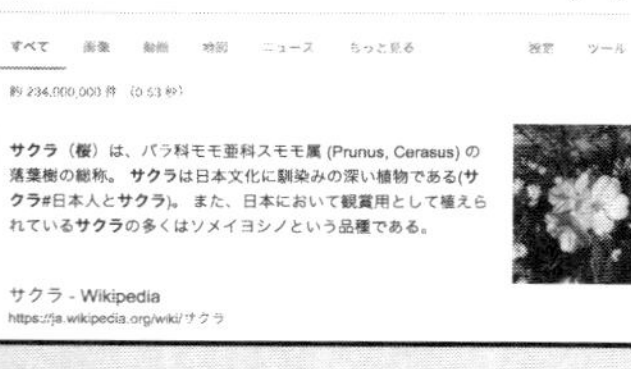
桜

すべて　画像　動画　地図　ニュース　もっと見る　設定　ツール

約 234,000,000 件 （0.53 秒）

サクラ（桜）は、バラ科モモ亜科スモモ属 (Prunus, Cerasus) の落葉樹の総称。**サクラ**は日本文化に馴染みの深い植物である(**サクラ**#日本人と**サクラ**)。また、日本において観賞用として植えられている**サクラ**の多くはソメイヨシノという品種である。

サクラ - Wikipedia
https://ja.wikipedia.org/wiki/サクラ

像《ぞう》、「動画《どうが》」を選《えら》べば動画《どうが》、「ニュース」を選《えら》べばニュース記事《きじ》の検索結果《けんさくけっか》にかぎることができるよ。

たくさんの検索情報《けんさくじょうほう》がデータベース化《か》されている

では、どうしてこんなにたくさんの情報《じょうほう》を、あっという間《ま》に検索《けんさく》することができるのだろう？

インターネット上《じょう》には数《かぞ》えきれないほどの情報《じょうほう》があふれているけど、各検索《かくけんさく》サイトでは「検索《けんさく》エンジン」という専用《せんよう》のプログラムを使《つか》って、つねにインターネット上《じょう》の情報《じょうほう》を集《あつ》めて保存《ほぞん》している。そのように保存《ほぞん》されたたくさんのページがデータベース化《か》され、キーワードによって検索《けんさく》できるようになっているんだ。

◀検索結果《けんさくけっか》のどの位置《いち》に表示《ひょうじ》されるかで、人《ひと》の目《め》にふれる回数《かいすう》も変《か》わってくるよ。

ちなみに、検索《けんさく》サイトで表示《ひょうじ》される検索結果《けんさくけっか》の順番《じゅんばん》はどのように決《き》められているのだろう？

各検索《かくけんさく》サイトでは、キーワードとの関連度《かんれんど》が高《たか》い順《じゅん》や、調《しら》べた人《ひと》の興味《きょうみ》がありそうな順《じゅん》など、それぞれが独自《どくじ》の計算《けいさん》方法《ほうほう》でパソコンやスマホの画面《がめん》に表示《ひょうじ》するサイトの順番《じゅんばん》を決《き》めている。画面《がめん》の上《うえ》のほうに出《で》てきたページのほうが見《み》られやすいので、ホームページやブログなどを運営《うんえい》している人《ひと》や会社《かいしゃ》などでは、上位《じょうい》に表示《ひょうじ》されるように情《じょう》報《ほう》をもりこむ努力《どりょく》をしているケースもあるんだよ。

特別《とくべつ》コラム

世界《せかい》の９割《わり》がGoogle《グーグル》ユーザー！？

日本《にほん》で使《つか》われている検索《けんさく》サイトの割合《わりあい》は、Google《グーグル》とYahoo!《ヤフー》の２つで90％以上《いじょう》といわれている。世界中《せかいじゅう》で見《み》ると、Google《グーグル》が90％以上《いじょう》を占《し》めている国《くに》が多《おお》く、世界《せかい》のインターネット利用者《りようしゃ》35億人《おくにん》の大半《たいはん》がGoogle《グーグル》を利用《りよう》していることになる。Google《グーグル》で検索《けんさく》することをさして「ググる」ということばが生《う》まれるほど、高《たか》い利用率《りようりつ》をほこっているんだ。

ちなみに、Google《グーグル》のトップ画面《がめん》のロゴは、時々変《ときどきか》わることがある。季節《きせつ》や記念日《きねんび》ごとにクリスマス仕様《しよう》になったり、ハロウィーン仕様《しよう》になったり……。どんなロゴがあるか、こまめにチェックしてみよう。

コツをおぼえて、検索《けんさく》マスターをめざそう！

検索《けんさく》ワードの入力方法《にゅうりょくほうほう》をくふうして情報《じょうほう》をしぼりこむ

検索《けんさく》エンジンに単語《たんご》を入力《にゅうりょく》すれば、いろいろな情報《じょうほう》が出《で》てくるけど、ほしい情報《じょうほう》を手《て》に入《い》れるためには、ちょっとしたコツが必要《ひつよう》なんだ。

検索《けんさく》してたくさんの情報《じょうほう》が表示《ひょうじ》されたのはいいけど、逆《ぎゃく》に「情報《じょうほう》が多《おお》すぎてどこを見《み》ていいかわからない」ということもあるよね？　そんなときには、キーワードを複数入力《ふくすうにゅうりょく》して、検索結果《けんさくけっか》をしぼりこんでみよう。

たとえば、映画《えいが》についてしらべたいとしよう。「映画《えいが》」という単語《たんご》だけで検索《けんさく》すると、映画《えいが》のランキングや紹介《しょうかい》記事《きじ》がのっているサイトや、映画《えいが》を動画《どうが》で配信《はいしん》しているサイト、映画館《えいがかん》の情報《じょうほう》などたくさんのページが出《で》てくるけど、間《あいだ》にスペース（空白《くうはく》）を入《い》れて「映画《えいが》　上映中《じょうえいちゅう》」というキーワードで検索《けんさく》すれば、そのときに上映《じょうえい》されている映画《えいが》にしぼられて結果《けっか》が表示《ひょうじ》されるよ。

さらに人気《にんき》のある映画《えいが》を知《し》りたければ「映画《えいが》　おすすめ」など、規模《きぼ》が大《おお》きな映画館《えいがかん》を探《さが》したければ「映画館《えいがかん》　大《おお》きい」などと検索《けんさく》すれば、希望《きぼう》した検索結果《けんさくけっか》に近《ちか》づくはずだよ。さらにスマホなどのGPS《ジーピーエス》機能《きのう》をオンにした状態《じょうたい》で「近《ちか》くの映画館《えいがかん》」と検索《けんさく》すれば、現在地《げんざいち》の近《ちか》くにある映画館《えいがかん》をさがすこともできるんだ。

みんながよく検索《けんさく》するキーワードは関連検索《かんれんけんさく》ワードとして表示《ひょうじ》される

キーワードを入力《にゅうりょく》して検索《けんさく》すると、そのキーワードとセットで、みんなに検索《けんさく》されているワードが検索画面《けんさくがめん》に表示《ひょうじ》されることがある。「映画《えいが》」なら、「映画《えいが》　上映中《じょうえいちゅう》」「映画《えいが》　上映予定《じょうえいよてい》」「映画《えいが》　ランキング」などだ。検索結果《けんさくけっか》をしぼりこみたいときには、こうした関連《かんれん》ワードを参考《さんこう》にしてみるのもいいだろう。

さらに、表示《ひょうじ》してほしくない

ページを検索結果《けんさくけっか》からはずすこともできる。その場合《ばあい》には、含《ふく》めたくない検索《けんさく》ワードの前《まえ》に「-」（半角《はんかく》ハイフン）をたすんだ。そうすると、「-」を入《い》れた検索《けんさく》ワードに当《あ》てはまるページは表示《ひょうじ》されなくなるよ。

このように、検索《けんさく》エンジンにはさまざまな機能《きのう》があるから、いろいろとためしてみよう。

名称《めいしょう》を入力《にゅうりょく》することだけが検索《けんさく》の方法《ほうほう》ではない

しらべたいことがあるけれど、正確《せいかく》な名称《めいしょう》がわからない。または、その名称《めいしょう》そのものを知《し》りたいというときもあるよね。でも、検索《けんさく》ワードが多少《たしょう》あやふやでも、しらべたい情報《じょうほう》にたどりつくことは可能《かのう》なんだ。

「『ドラえもん』ってどこまでがカタカナでどこからがひらがなだっけ?」——そんなときでも大丈夫《だいじょうぶ》。「どらえもん」や「ドラエモン」と入力《にゅうりょく》しても、予測《よそく》してちゃんと正《ただ》しい「ドラえもん」を検索《けんさく》してくれるよ。

さらに、自分《じぶん》が持《も》っている画像《がぞう》が何《なん》なのかしらべたいときにも検索《けんさく》サイトが活用《かつよう》できるよ。Ｇｏｏｇｌｅ《グーグル》の画像《がぞう》検索《けんさく》ページでカメラのマークをクリックすると、「画像《がぞう》で検索《けんさく》」のページに飛《と》ぶことができる。そこから「画像《がぞう》のアップロード」を選《えら》んで、パソコンの中《なか》からしらべたい画像《がぞう》ファイルをえらんで検索《けんさく》すると、それににた画像《がぞう》や、その画像《がぞう》を含《ふく》むサイトなどをさがしてくれる。人物《じんぶつ》など個人的《こじんてき》な写真《しゃしん》についてしらべるのは難《むずか》しいけれども、有名《ゆうめい》な場所《ばしょ》や建物《たてもの》、人物《じんぶつ》、キャラクターなどの画像《がぞう》は、しらべられる可能性《かのうせい》が高《たか》いよ。

このあとのＰａｒｔ《パート》7でくわしく紹介《しょうかい》するけど、検索《けんさく》で注意《ちゅうい》しなければならないのは、検索《けんさく》して表示《ひょうじ》されたサイトの中《なか》には、うその情報《じょうほう》や、人《ひと》をだまそうとするサイトがあること。あやしい名前《なまえ》のサイトは絶対《ぜったい》に開《ひら》かないようにしよう。１１９ページで紹介《しょうかい》する「お役立《やくだ》ちサイト」のような、安全《あんぜん》なウェブサイトを利用《りよう》すると安心《あんしん》だよ。

▶画像《がぞう》をアップロードして、そこに写《うつ》っているのが何《なに》かをしらべることができるんだ。

知《し》っておくと便利《べんり》!? 数字《すうじ》に関《かん》するいろいろな検索方法《けんさくほうほう》

ほかにも、Ｇｏｏｇｌｅ《グーグル》検索《けんさく》にはいろいろな検索機能《けんさくきのう》がある。知《し》っていると便利《べんり》で楽《たの》しい機能《きのう》を紹介《しょうかい》するよ。

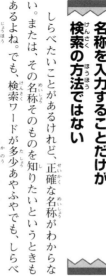

●特定《とくてい》の地域《ちいき》の時間《じかん》や天気《てんき》を教《おし》えてくれる

海外《かいがい》には時差《じさ》があって日本《にほん》とは時間《じかん》がちがうね。そこで「time《タイム》　パリ」と検索《けんさく》すれば、今《いま》のパリの時間《じかん》を教《おし》えてくれる。

さらに「time《タイム》」の部分《ぶぶん》を「天気《てんき》」にすれば、今《いま》のパリの天気《てんき》、気温《きおん》などに加《くわ》え、天気予報《てんきよほう》も教《おし》えてくれるんだ。

●単位《たんい》を変換《へんかん》してくれる

1ドルって日本円《にほんえん》にするといくらだろう。そう思《おも》ったら、「1ドル」と検索《けんさく》するだけで、最新《さいしん》の為替相場《かわせそうば》で日本円《にほんえん》の単位《たんい》にして教《おし》えてくれるよ。逆《ぎゃく》の計算《けいさん》も可能《かのう》だ。「1万円《まんえん》　ユーロ」と検索《けんさく》すれば、1万円《まんえん》をユーロにした金額《きんがく》が表示《ひょうじ》される。また、海外《かいがい》で使《つか》われている長《なが》さや重《おも》さの単位《たんい》や、昔使《むかしつか》われていた単位《たんい》なども、現在《げんざい》の日本《にほん》で一般的《いっぱんてき》に使《つか》われている単位《たんい》で計算《けいさん》してくれるんだ。

●電卓《でんたく》に早変《はやが》わり!?

「電卓《でんたく》」と検索《けんさく》するだけで、何《なん》と検索画面《けんさくがめん》に電卓《でんたく》が表示《ひょうじ》され、利用《りよう》することができるよ。

「百聞《ひゃくぶん》は一見《いっけん》にしかず」現場《げんば》を見《み》ることでも学《まな》ぼう

「百聞《ひゃくぶん》は一見《いっけん》にしかず」ということわざがある。人《ひと》から何度《なんど》も聞《き》くより、一回《いっかい》でも実際《じっさい》に自分《じぶん》の目《め》で見《み》るほうが確実《かくじつ》で、よく理解《りかい》できるという意味《いみ》だ。たとえば、マヨネーズはどのように作《つく》られているのか、飛行機《ひこうき》はどんなふうに整備《せいび》されているか……。そんなときは、マヨネーズ工場《こうじょう》や飛行機《ひこうき》の整備工場《せいびこうじょう》を直接見《ちょくせつみ》れば、しらべるだけでは理解《りかい》できない、いろいろなことがわかるはずだ。

マヨネーズの原料《げんりょう》には卵《たまご》が使《つか》われていて、工場《こうじょう》の製造《せいぞう》ラインでは機械《きかい》が自動的《じどうてき》に卵《たまご》を割《わ》って白身《しろみ》と黄身《きみ》を分《わ》けている。ものすごい速《はや》さで卵《たまご》が割《わ》られていく現場《げんば》を見《み》ると、一日《いちにち》に何万本《なんまんぼん》もマヨネーズを作《つく》るということの大変《たいへん》さが実感《じっかん》できるし、工場《こうじょう》の衛生管理《えいせいかんり》についても学《まな》べる。

毎日使《まいにちつか》われる飛行機《ひこうき》は日常《にちじょう》のメンテナンスのほか、定期的《ていきてき》にエンジンをはずしたり大規模《だいきぼ》な点検《てんけん》も行《おこな》っている。安全《あんぜん》に人々《ひとびと》を運《はこ》ぶためにどんな機体《きたい》の管理《かんり》が必要《ひつよう》かということは、作業《さぎょう》を実際《じっさい》に見《み》ればよりわかるよね。

何《なん》でもネットでしらべられるとつい思《おも》いこみがちだけど、現場《げんば》を見《み》たり体験《たいけん》したりすることも大切《たいせつ》だよ。

しらべ学習《がくしゅう》に役立《やくだ》つサイト一覧《いちらん》

一般《いっぱん》向《む》けの主《おも》な検索《けんさく》サイト	
サイト名《めい》	**説明《せつめい》**
Google《グーグル》	アメリカ合衆国《がっしゅうこく》に本社《ほんしゃ》を置《お》くGoogle《グーグル》が提供《ていきょう》しているサービス。動画共有《どうがきょうゆう》サービス「YouTube《ユーチューブ》」なども提供《ていきょう》している。日本《にほん》でのシェアはNo.1《ナンバーワン》
Yahoo!《ヤフー》	日本《にほん》のYahoo! JAPAN《ヤフージャパン》が提供《ていきょう》している検索《けんさく》サービス。同《どう》サイトでは、インターネットオークションサービス「ヤフオク！」なども提供《ていきょう》している。日本《にほん》でのシェアはNo.2《ナンバーツー》
Bing《ビング》	コンピューターソフトのWindows《ウィンドウズ》で有名《ゆうめい》な、アメリカ合衆国《がっしゅうこく》のMicrosoft《マイクロソフト》が運営《うんえい》しているサービス
子《こ》ども向《む》けの検索《けんさく》サイト	
Yahoo!《ヤフー》きっず	Yahoo! JAPAN《ヤフージャパン》が提供《ていきょう》している子《こ》ども向《む》けポータルサイト
学研《がっけん》キッズネット	学研《がっけん》が提供《ていきょう》している小学生《しょうがくせい》・中学生《ちゅうがくせい》のためのコンテンツポータルサイト
国《くに》が運営《うんえい》している子《こ》ども向《む》けホームページ	
情報通信白書《じょうほうつうしんはくしょ》 for Kids《フォーキッズ》	総務省《そうむしょう》の子《こ》ども向《む》けホームページ
なるほど統計学園《とうけいがくえん》	総務省《そうむしょう》が運営《うんえい》している小学生《しょうがくせい》・中学生向《ちゅうがくせいむ》けの統計学習《とうけいがくしゅう》サイト
首相官邸《しゅしょうかんてい》きっず	首相官邸《しゅしょうかんてい》の子《こ》ども向《む》けホームページ
内閣府《ないかくふ》キッズページ	内閣府《ないかくふ》の子《こ》ども向《む》けページ
キッズ外務省《がいむしょう》	外務省《がいむしょう》の子《こ》ども向《む》けページ
こども環境省《かんきょうしょう》	環境省《かんきょうしょう》の子《こ》ども向《む》けページ
子《こ》どものための農業教室《のうぎょうきょうしつ》 こどもページ：農林水産省《のうりんすいさんしょう》	農林水産省《のうりんすいさんしょう》の子《こ》ども向《む》けページ
経済産業省《けいざいさんぎょうしょう》キッズページ	経済産業省《けいざいさんぎょうしょう》の子《こ》ども向《む》けページ
キッズ国土地理院《こくどちりいん》	国土地理院《こくどちりいん》の子《こ》ども向《む》けページ
その他《た》の子《こ》ども向《む》けホームページ	
このゆびとまれ！エコキッズ	環境問題《かんきょうもんだい》について学《まな》べるホームページ。国立環境研究所《こくりつかんきょうけんきゅうしょ》が運営《うんえい》
みんなののりもの	運輸《うんゆ》・交通《こうつう》について学《まな》べるホームページ。運輸振興協会《うんゆしんこうきょうかい》が運営《うんえい》
子《こ》どもと先生《せんせい》の広場《ひろば》	ユニセフについて学《まな》べるホームページ。日本《にほん》ユニセフ協会《きょうかい》が運営《うんえい》
ファン！ファン！JAXA《ジャクサ》！	宇宙《うちゅう》について学《まな》べるホームページ。JAXA《ジャクサ》が運営《うんえい》

インタビューや図書館《としょかん》も活用《かつよう》してみよう！

物知《ものし》りな人《ひと》をさがしてインタビューをしてみよう

情報《じょうほう》を集《あつ》める方法《ほうほう》はインターネットだけではない。相《あい》手《て》の人《ひと》に直接《ちょくせつ》会《あ》ってインタビューをしたり、関係《かんけい》する本《ほん》を読《よ》んだりすることも大《おお》いに役《やく》に立《た》つ。君《きみ》のお父《とう》さんやお母《かあ》さんが子《こ》どもだったころは、みんなそうした方法《ほうほう》でしらべ学習《がくしゅう》をしていたはずだよ。

まずはインタビューのやり方《かた》から。お父《とう》さんやお母《かあ》さん、おじいさん、おばあさんなどはみんなより長《なが》く生《い》きているから、そのぶん多《おお》くのことを知《し》っているよね。また、学校《がっこう》や塾《じゅく》の先生《せんせい》は、人《ひと》にものを教《おし》える立場《たちば》の人《ひと》たちだから、難《むずか》しいこともよく知《し》っているし、説《せつ》明《めい》もわかりやすい。さらに、より詳《くわ》しく知《し》りたい場合《ばあい》には、その分野《ぶんや》についてよく知《し》っている専門家《せんもんか》や研究者《けんきゅうしゃ》が話《はなし》をしてくれる場《ば》所にでかけたりして聞《き》いてみるといいよ。

人《ひと》に直接《ちょくせつ》たずねると、そのことに関連《かんれん》する体験談《たいけんだん》や、その人《ひと》の意見《いけん》、考《かんが》えなど、インターネットや本《ほん》にのっていないことを深《ふか》く聞《き》くことができる。さらに疑問《ぎもん》が生《う》まれたときに、その場《ば》で質問《しつもん》できるのもよい点《てん》だね。

▲地域《ちいき》のお年寄《としよ》りなどからも、いろいろな情報《じょうほう》をえることができるよ。

本《ほん》のさがし方《かた》を学《まな》んで図書館《としょかん》を上手《じょうず》に利用《りよう》しよう

図《と》書《しょ》館《かん》や書店《しょてん》などには、さまざまな本《ほん》や資料《しりょう》がおいてあるね。本《ほん》はその分野《ぶんや》の研究《けんきゅう》をしている専門家《せんもんか》や学者《がくしゃ》が書《か》いていることが多《おお》いし、複数《ふくすう》の人《ひと》が内容《ないよう》を確認《かくにん》しているから、より正確《せいかく》でくわしい情報《じょうほう》を知《し》ることができる。

【しらべ学習《がくしゅう》で参考《さんこう》になる主《おも》な資料《しりょう》】

●事典《じてん》

さまざまな分野《ぶんや》についてくわしくしらべることができる。人名事典《じんめいじてん》、歴史地名事典《れきしちめいじてん》、百科事典《ひゃっかじてん》などがある。

●**辞典《じてん》**
言葉《ことば》の意味《いみ》や使《つか》い方《かた》などをしらべることができる。国《こく》語辞典《ごじてん》、漢和辞典《かんわじてん》、英和辞典《えいわじてん》、和英辞典《わえいじてん》などがある。

●**図鑑《ずかん》**
いろいろな物《もの》の種類《しゅるい》や特徴《とくちょう》についてしらべることができる。動物図鑑《どうぶつずかん》、植物図鑑《しょくぶつずかん》などがある。

●**年鑑《ねんかん》**
1年間《ねんかん》のできごとや、統計《とうけい》などがのっている。

●**新聞《しんぶん》、雑誌《ざっし》**
図書館《としょかん》などに、何年分《なんねんぶん》にもわたって保管《ほかん》されている。

でも、図書館《としょかん》には本《ほん》が多《おお》くあるから、その中《なか》からめあての本《ほん》をさがすのは大変《たいへん》だ。だから本《ほん》のさがし方《かた》を知《し》って、上手《じょうず》に図書館《としょかん》を利用《りよう》しよう。

図書館《としょかん》にある本《ほん》の背表紙《せびょうし》には、下《した》のようなラベルがはられている。これは請求記号《せいきゅうきごう》といって、本《ほん》の場所《ばしょ》を表《あらわ》す大切《たいせつ》なラベルなんだよ。請求記号《せいきゅうきごう》ラベルは、3段《だん》になったものが一般的《いっぱんてき》だ。1段目《だんめ》に記《しる》されているのは、「分《ぶん》類番号《るいばんごう》」。これは本《ほん》の分類法《ぶんるいほう》で決《き》められた数字《すうじ》で、分野《ぶんや》ごとに仲間分《なかまわ》けして、わかりやすくしている。2段目《だんめ》には、著者《ちょしゃ》の名字《みょうじ》の頭文字《かしらもじ》などを示《しめ》す「図書記号《としょきごう》」、3段目《だんめ》には、シリーズの番号《ばんごう》などを示《しめ》す「巻冊記号《かんさつきごう》」が記載《きさい》されている。図書館《としょかん》に行《い》けば詳《くわ》しい分類表《ぶんるいひょう》がはってあるので、わからなければ図書館《としょかん》の司書《ししょ》さんにも聞《き》きながら、おめあての本《ほん》をさがしてみよう。

特別《とくべつ》コラム

一番大《いちばんおお》きな図書館《としょかん》はどこにある？

日本《にほん》で一番大《いちばんおお》きい図書館《としょかん》は、国立国会図書《こくりつこっかいとしょ》館《かん》だ。ここには、日本《にほん》で発行《はっこう》されたすべての図書《としょ》や雑《ざっ》誌《し》などの出版物《しゅっぱんぶつ》がおさめられていて、その数《かず》は1000万冊以上《まんさついじょう》。東京都千代田区《とうきょうとちよだく》の国会議事堂《こっかいぎじどう》のすぐ近《ちか》くにある。

世界《せかい》で最《もっと》も大《おお》きい図書館《としょかん》といえるのは、アメリカ合《がっ》衆国《しゅうこく》にあるアメリカ議会図書館《ぎかいとしょかん》だ。そこにおかれている本《ほん》の数《かず》は、何《なん》と3000万《まん》冊以上《さついじょう》。ほかの新聞《しんぶん》、雑誌《ざっし》、地図《ちず》、写真《しゃしん》、絵画《かいが》などもいれると、1億《おく》5000万点《まんてん》以上《いじょう》がおかれているんだ。イギリスにある大英図書《だいえいとしょ》館《かん》も、1億《おく》5000万点以上《まんてんいじょう》がおさめられている。

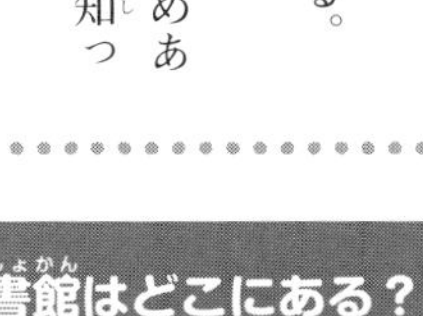
▲首都《しゅと》ワシントンD.C.《ディーシー》にあるアメリカ議会図書館《ぎかいとしょかん》。

新聞社《しんぶんしゃ》ごっこセット

コロコロ
ヒョイ
なんでつまずかないんだよ!!
気《き》がついたもの。
せっかくだからころべ!!
そ、そんなむちゃな!

PRESS

情報《じょうほう》クイズQ&A《キューアンドエー》

Q 日本《にほん》で初《はじ》めての日刊新聞《にっかんしんぶん》が発行《はっこう》されたのはいつ?

①江戸時代《えどじだい》

②明治時代《めいじじだい》

③大正時代《たいしょうじだい》

A ②明治時代《めいじじだい》　1870（明治《めいじ》3）年《ねん》に創刊《そうかん》された横浜毎日新聞《よこはまいにちしんぶん》が、わが国最初《くにさいしょ》の日本語《にほんご》の日刊新聞《にっかんしんぶん》といわれているよ。

情報《じょうほう》クイズQ&A《キューアンドエー》

Q 新聞《しんぶん》や書籍《しょせき》を刷《す》るための印刷《いんさつ》技術《ぎじゅつ》は、どこの国《くに》で最初《さいしょ》に発明《はつめい》された？

①ドイツ　②日本《にほん》　③中国《ちゅうごく》

A ③中国《ちゅうごく》 7世紀《せいき》に発明《はつめい》された木版《もくはん》を使《つか》った印刷《いんさつ》の技術《ぎじゅつ》がヨーロッパへ伝《つた》わり、やがて全世界《ぜんせかい》へひろがったんだ。

情報《じょうほう》クイズQ&A《キューアンドエー》

Q 新製品《しんせいひん》の情報《じょうほう》を、広《ひろ》く紹介《しょうかい》することを何《なん》という?

①プログラミング ②プレゼンテーション ③プレイステーション

A ②プレゼンテーション　これが成功《せいこう》するかしないかで、新製品《しんせいひん》の売《う》れ行《ゆ》きが決《き》まるといわれるよ。

情報《じょうほう》クイズQ&A《キューアンドエー》
Q ネットを使《つか》って商品《しょうひん》の開発費《かいはつひ》を集《あつ》められる。本当《ほんとう》？ うそ？

A 本当《ほんとう》 アイデアを公開《こうかい》して資金《しきん》を集《あつ》める、クラウド・ファンディングという仕組《しく》みが使《つか》えるよ。

グラフはうそつかない

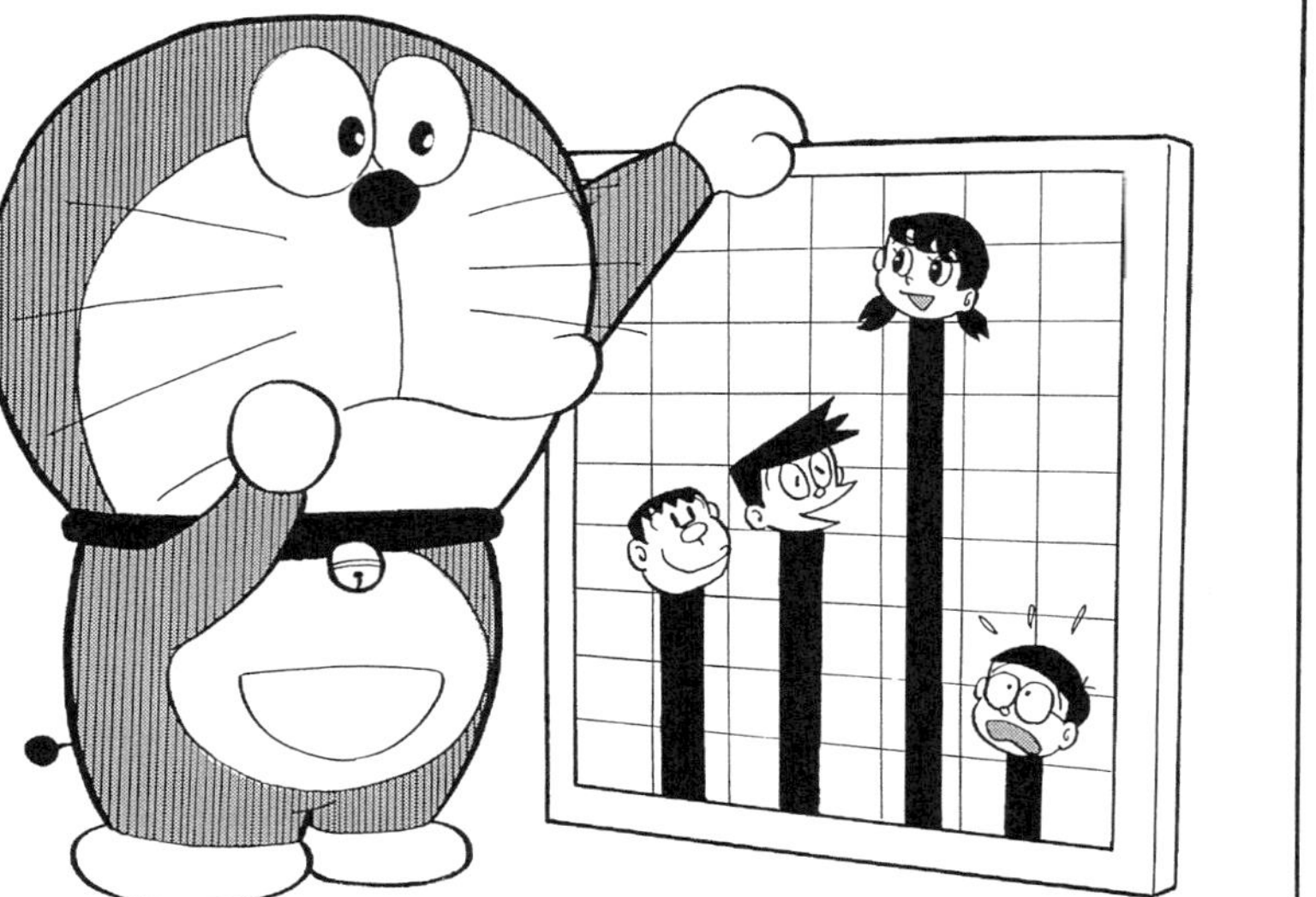

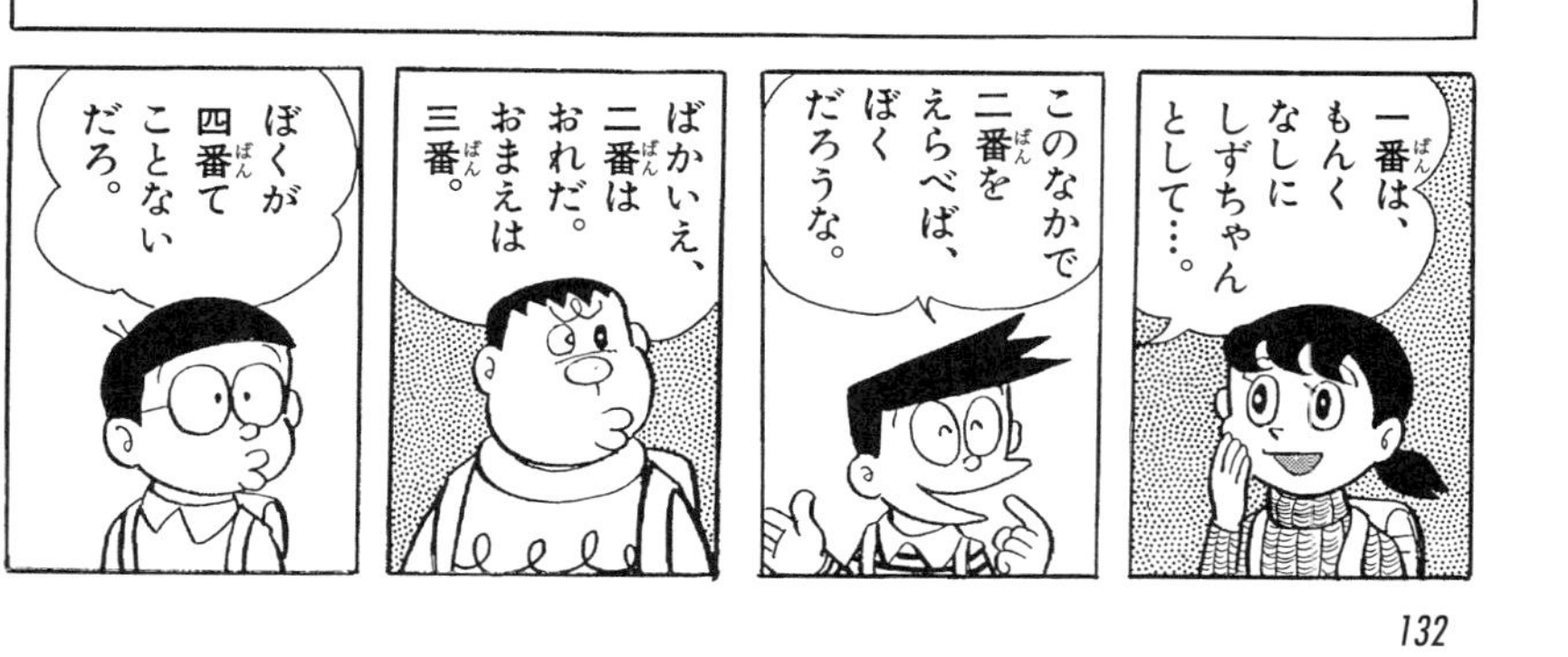
一番《ばん》は、もんくなしにしずちゃんとして…。
このなかで二番《ばん》をえらべば、ぼくだろうな。
ばかいえ、二番《ばん》はおれだ。おまえは三番《ばん》。
ぼくが四番《ばん》てことないだろ。

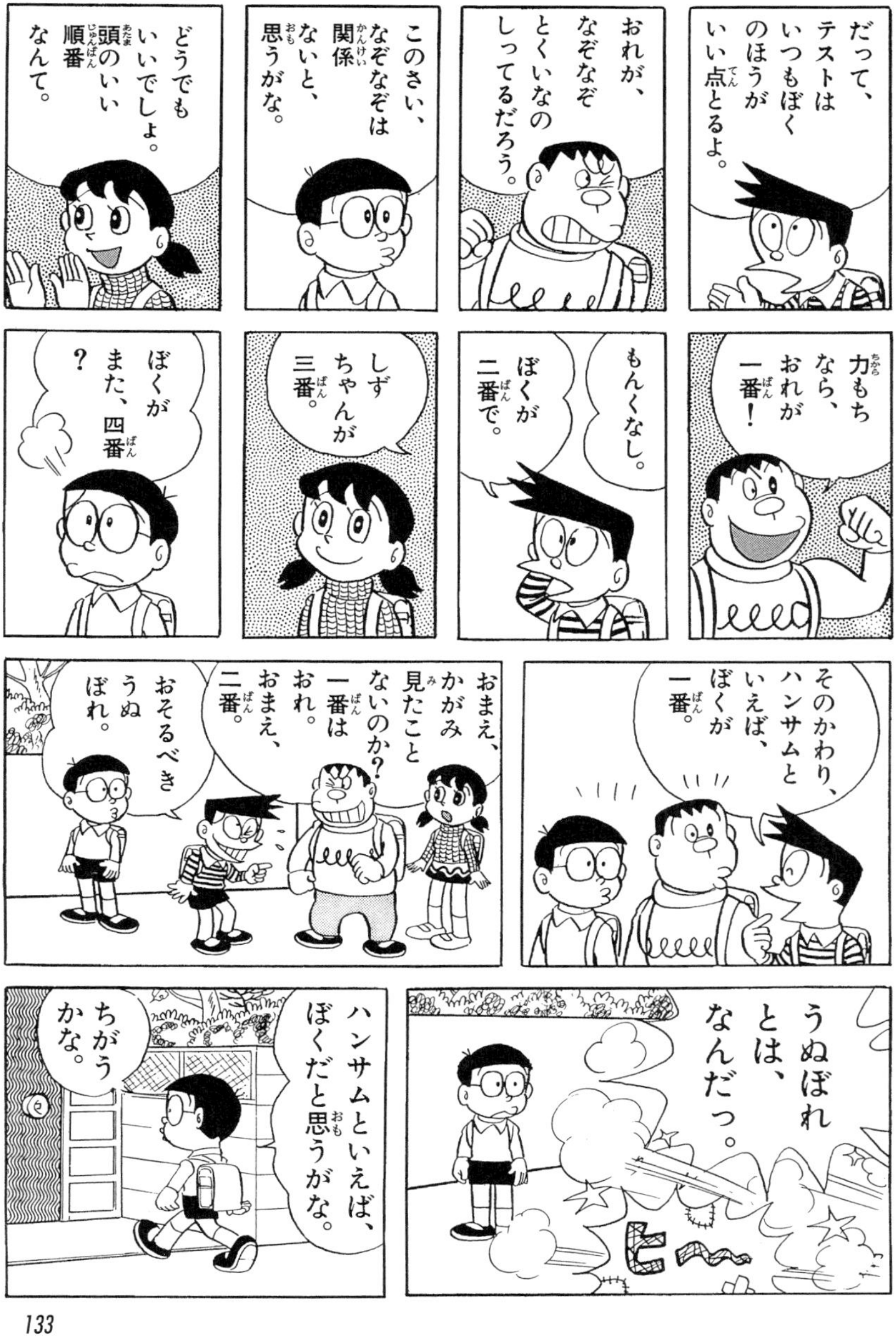

だって、テストはいつもぼくのほうがいい点《てん》とるよ。
おれが、なぞなぞとくいなのしってるだろう。
このさい、なぞなぞは関係《かんけい》ないと、思《おも》うがな。
どうでもいいでしょ。頭《あたま》のいい順番《じゅんばん》なんて。
力《ちから》もちなら、おれが一番《ばん》！
もんくなし。
ぼくが二番《ばん》で。
しずちゃんが三番《ばん》。
ぼくがまた、四番《ばん》？
そのかわり、ハンサムといえば、ぼくが一番《ばん》。
おまえ、かがみ見《み》たことないのか？一番《ばん》はおれ。おまえ、二番《ばん》。
おそるべきうぬぼれ。
うぬぼれとは、なんだっ。
ハンサムといえば、ぼくだと思《おも》うがな。
ちがうかな。

情報《じょうほう》クイズQ&A《キューアンドエー》

Q 国民一人《こくみんひとり》ひとりに付《つ》けられた番号《ばんごう》を何《なん》と呼《よ》ぶ?

①個人番号《こじんばんごう》

②秘密番号《ひみつばんごう》

③背番号《せばんごう》

A ① 個人番号《こじんばんごう》（マイナンバー）は2016年《ねん》から社会保障《しゃかいほしょう》・税《ぜい》・災害対策《さいがいたいさく》の行政《ぎょうせい》で使《つか》われ出《だ》した。

たくさんの情報《じょうほう》をどうまとめる？

発表《はっぴょう》する順序《じゅんじょ》を決《き》めて情報《じょうほう》をわかりやすくまとめよう

情報《じょうほう》のしらべ方《かた》、集《あつ》め方《かた》がわかったところで、それを学校《がっこう》の授業《じゅぎょう》などで発表《はっぴょう》できるようにまとめてみよう。たくさんの情報《じょうほう》を集《あつ》めても、きちんとまとめて自分《じぶん》のことばで発表《はっぴょう》できなければ、相手《あいて》にうまく伝《つた》わらなくて、ちょっともったいないよね。

相手《あいて》にわかってもらって初《はじ》めて「発表《はっぴょう》」したことになる。理解《りかい》できない発表《はっぴょう》は、相手《あいて》の前《まえ》でひとり言《ごと》を言《い》っているのと同《おな》じ。どうすれば相手《あいて》に理解《りかい》してもらえるか、大切《たいせつ》なことを説明《せつめい》するよ。

情報《じょうほう》をまとめて発表《はっぴょう》する力《ちから》というのは、授業《じゅぎょう》や自由研《じゆうけん》究《きゅう》などで活用《かつよう》できるだけでなく、大《おお》きくなってから高校《こうこう》や大学《だいがく》でのレポートや論文《ろんぶん》、社会人《しゃかいじん》になってからの仕事《しごと》でのプレゼンテーションなどにも役《やく》だつ。だから、今《いま》のうちに情報《じょうほう》をわかりやすくまとめるコツを学《まな》んでおこう。

発表《はっぴょう》は「はじめ、なか、まとめ」を考《かんが》えると、相手《あいて》に伝《つた》わりやすいんだ。

- はじめ…内容《ないよう》の紹介《しょうかい》やあらすじ
- なか…具体的《ぐたいてき》な例《れい》や説明《せつめい》
- まとめ…結論《けつろん》

この3つのポイントを考《かんが》えて、どの部分《ぶぶん》で何《なに》をどう話《はな》すか、はじめに計画《けいかく》を立《た》てておくと、発《はっ》表《ぴょう》がスムーズに進《すす》むはずだよ。

「はじめ」では聞《き》く人《ひと》に興味《きょうみ》をもってもらおう

発表《はっぴょう》では、聞《き》く相手《あいて》のことを忘《わす》れてはいけない。自分《じぶん》が、だれか他《ほか》の人《ひと》の話《はなし》を聞《き》くがわになって考《かんが》えてみよう。何《なん》の発表《はっぴょう》なのかよくわからず、いきなり本題《ほんだい》に入《はい》ってしまったら、話《はなし》についていけないよね？　だから、まずは聞《き》く人《ひと》に興味《きょうみ》をもってもらうことを心《こころ》がけよう。

「はじめ」では、発表《はっぴょう》の目的《もくてき》やきっかけをはっきりさせ

よう。自分《じぶん》がどうしてそのことについてしらべようと思《おも》ったのか、それをしらべることで何《なに》を学《まな》びたかったのかなどだ。これらを「はじめ」の部分《ぶぶん》で述《の》べて、必《かなら》ず最後《さいご》の「まとめ」に結《むす》びつけるようにしよう。

また、タイトルも重要《じゅうよう》だ。君《きみ》が本《ほん》を選《えら》ぶときにも、最初《さいしょ》にタイトルを見《み》てから読《よ》みはじめるはず。タイトルは具体的《ぐたいてき》に、そして短《みじか》めにつけたほうがいい。たとえば、お米《こめ》の作《つく》り方《かた》をしらべて発表《はっぴょう》する場合《ばあい》に、タイトルを「米《こめ》について」とするのではなく、「米《こめ》が作《つく》られるまで」など、発表《はっぴょう》する内容《ないよう》がひと目《め》でわかるようにしよう。

「なか」では表《ひょう》やグラフを使《つか》って わかりやすくしよう

発表《はっぴょう》は、相手《あいて》にわかりやすく伝《つた》えることが大切《たいせつ》だ。だから、「なか」での具体的《ぐたいてき》な例《れい》や説明《せつめい》も、表《ひょう》や図《ず》、グラフなどを使《つか》って、ひと目《め》で内容《ないよう》がわかるようにくふうしよう。

表《ひょう》で代表的《だいひょうてき》なものは、歴史《れきし》などの年表《ねんぴょう》だ。社会《しゃかい》の教科書《きょうかしょ》にものっているから、見《み》たことがあるかな？　年表《ねんぴょう》は昔《むかし》からのできごとが年代順《ねんだいじゅん》に書《か》かれている。いつ、どんなことがあったのか、すっきりと見《み》やすくなっているね。

図《ず》やグラフを使《つか》うのもわかりやすい。グラフにはいくつかの種類《しゅるい》があり、場合《ばあい》に応《おう》じて使《つか》い分《わ》けるといいよ。

【主《おも》なグラフの種類《しゅるい》】

●円《えん》グラフ
割合《わりあい》を表《あらわ》すのに向《む》いている。

●帯《おび》グラフ
割合《わりあい》をくらべるのに向《む》いている。

●棒《ぼう》グラフ
項目《こうもく》どうしをくらべるのに向《む》いている。

●折《お》れ線《せん》グラフ
時間《じかん》による変化《へんか》などを表《あらわ》すのに向《む》いている。

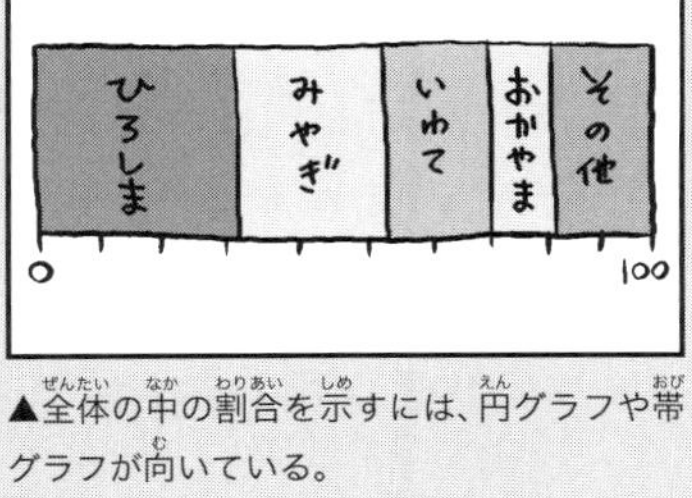

▲全体《ぜんたい》の中《なか》の割合《わりあい》を示《しめ》すには、円《えん》グラフや帯《おび》グラフが向《む》いている。

▼ものごとの歴史《れきし》をまとめるときは、年表《ねんぴょう》にするとわかりやすい。

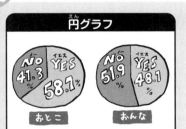

◀項目《こうもく》ごとの数《かず》や数字《すうじ》の変化《へんか》を示《しめ》すには、棒《ぼう》グラフや折《お》れ線《せん》グラフがわかりやすい。

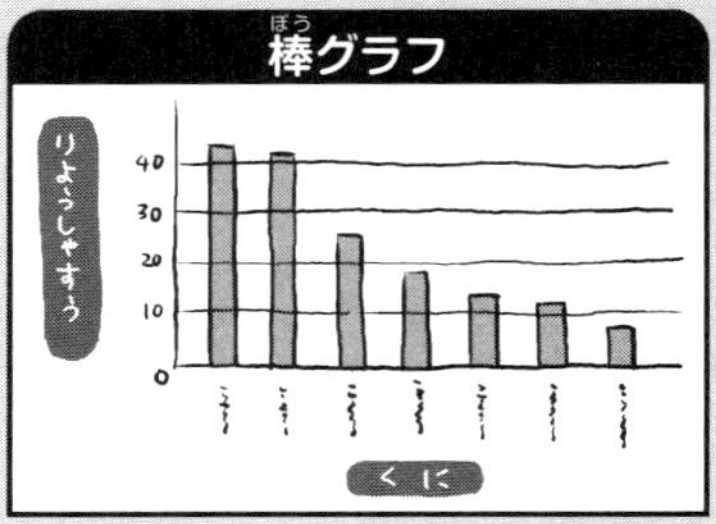

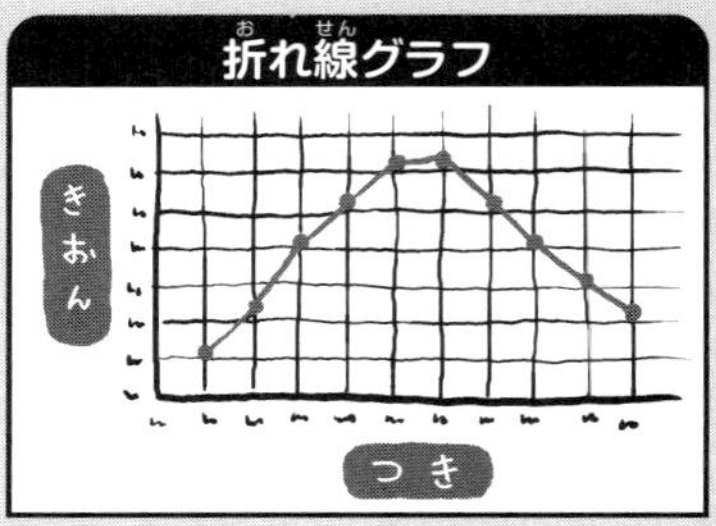

文章《ぶんしょう》だけでは伝《つた》わりにくかったり、説明《せつめい》が長《なが》くなることがらも、表《ひょう》やグラフで表《あらわ》すことによって、わかりやすく、すっきり表現《ひょうげん》できる。参考《さんこう》にしたもとをきちんと書《か》いて本《ほん》やサイトから引用《いんよう》してもいいし、自分《じぶん》でくふうして作成《さくせい》するとなおいいね。

パソコンで表《ひょう》やグラフを作《つく》るのなら、表計算《ひょうけいさん》ソフトを使《つか》ってみよう。表計算《ひょうけいさん》ソフトには、マイクロソフトのExcel《エクセル》やアップルのNumbers《ナンバーズ》、ジャストシステムの三四郎《さんしろう》などがある。データをすばやく集計《しゅうけい》できて、表《ひょう》やグラフも簡単《かんたん》に作《つく》ることができるんだよ。

最後《さいご》の「まとめ」で自分《じぶん》の考《かんが》えをしっかりとのべる

発表《はっぴょう》するうえでいちばん重要《じゅうよう》なのが、結論《けつろん》や自分《じぶん》の考《かんが》えだ。しらべた事実《じじつ》をそのまま発表《はっぴょう》するのだったら、だれがやっても同《おな》じような内容《ないよう》になってしまうよね。しらべ学習《がくしゅう》では、しらべた内容《ないよう》をわかりやすくまとめ、自分《じぶん》なりの考《かんが》えをつけ加《くわ》えることが大切《たいせつ》なんだ。そして「はじめ」でふれたことに対《たい》する結論《けつろん》を、「まとめ」へ入《い》れるようにしよう。

「まとめ」では、「しらべてみてどんなことがわかったか、しらべる前《まえ》のねらいは達成《たっせい》できたか」といったことをもりこもう。

また、「しらべる前《まえ》はこう考《かんが》えていたけど、しらべてみてこう思《おも》った」というように、自分《じぶん》の考《かんが》え方《かた》の変化《へんか》や、予想《よそう》していたこととのちがいを紹介《しょうかい》するのもいいよ。さらに、しらべた結果《けっか》をうけて、次《つぎ》にどのようなことを学《まな》びたいかも言《い》えれば理想的《りそうてき》だ。

自分《じぶん》のことばでまとめ、発表《はっぴょう》を聞《き》く人《ひと》のことも考《かんが》えて、相手《あいて》にしっかりと伝《つた》えられるようにいろいろとくふうしようね。

みんなに伝《つた》わる発表《はっぴょう》のコツ

発表内容《はっぴょうないよう》が見《み》やすいように資料《しりょう》の作《つく》りかたをくふうしよう

発表《はっぴょう》する内容《ないよう》の見《み》せかたにはいろいろある。大《おお》きな紙《かみ》に書《か》いて見《み》せるならポスターや新聞《しんぶん》など、教室《きょうしつ》のプロジェクターや電子黒板《でんしこくばん》で見《み》せるなら、パソコンやタブレットでスライドを作《つく》ってみよう。

ポスターでも、スライドでも、発表《はっぴょう》を聞《き》く人《ひと》に伝《つた》わりやすいように作《つく》ることが大切《たいせつ》だ。文字《もじ》や表《ひょう》の大《おお》きさや形《かたち》をくふうし、色《いろ》や絵《え》、写真《しゃしん》なども使《つか》って見《み》やすく表《あらわ》そう。教室《きょうしつ》の前《まえ》に立《た》って発表《はっぴょう》をするなら、いちばん後《うし》ろの席《せき》の人《ひと》にまではっきりと文字《もじ》が見《み》えるようにしなければいけないよ。

また、ポスターやスライドの中《なか》に文章《ぶんしょう》をどのように入《い》れて、表《ひょう》や図《ず》をどの部分《ぶぶん》に置《お》くかとか、全体《ぜんたい》のレイアウトもくふうしよう。短《みじか》い文《ぶん》と大《おお》きな字《じ》で全体《ぜんたい》の内容《ないよう》をひと目《め》でわかりやすく表《あらわ》す見出《みだ》しも、新聞《しんぶん》や雑誌《ざっし》などを参考《さんこう》にしてつけるといいね。

「プレゼンテーション」ソフトを活用《かつよう》してスライドを作《つく》ってみよう

家《いえ》や学校《がっこう》のパソコンに発表資料《はっぴょうしりょう》が作《つく》れるプレゼンテーションソフトが入《はい》っていれば、スライド作《づく》りに使《つか》ってみよう。プレゼンテーションソフトには、マイクロソフトのPowerPoint《パワーポイント》やアップルのKeynote《キーノート》

▼パソコンやタブレットを使《つか》うと、わかりやすいスライドがかんたんに作《つく》れるよ。

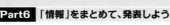

などといったものがあり、図形《ずけい》やグラフを描《えが》いたり、音《おん》楽《がく》やアニメーションを入《い》れたりすることができるんだ。

小学生向《しょうがくせいむ》けでは、ジャストシステムの「ジャスト、スマイル」などの学習支援《がくしゅうしえん》ソフトもあるよ。作文《さくぶん》やポスター、グラフなどをパソコンで簡単《かんたん》に作《つく》れるだけでなく、マウスやキーボードのあつかい方《かた》や、インターネットでの情《じょう》報収集《ほうしゅうしゅう》の仕方《しかた》も教《おし》えてくれて、楽《たの》しみながら使《つか》える。

プレゼンテーションソフトで作《つく》ったスライドに、表計《ひょうけい》算《さん》ソフトで作《つく》った表《ひょう》やグラフを加《くわ》えてわかりやすく見《み》せたり、音《おと》や動《うご》きを加《くわ》えたりすると、聞《き》く人《ひと》にとって発表《はっぴょう》がより楽《たの》しいものになるね。

発表《はっぴょう》をするときには「聞《き》く人《ひと》に伝《つた》える」ように考《かんが》えよう

ポスターやスライドが完成《かんせい》したら、クラスのみんなの前《まえ》で実際《じっさい》に発表《はっぴょう》しよう。気《き》をつけなくてはならないのは、「話《はな》す」と「伝《つた》える」はちがうということだ。ただずっと自分《じぶん》の言《い》いたいことだけをしゃべったり、文章《ぶんしょう》をそのまま読《よ》んだりするだけでは、なかなか相手《あいて》に内容《ないよう》が伝《つた》わらない。発表《はっぴょう》の時間《じかん》も限《かぎ》られているから、どこがいちばんのポイントなのかとか、あらかじめ自分《じぶん》の考《かんが》えを頭《あたま》の中《なか》で整理《せいり》して、みんなに伝《つた》わりやすいことばでまとめ、話《はな》す順番《じゅんばん》やスピード、発表時間《はっぴょうじかん》なども考《かんが》えながら話《はな》すようにしよう。

他《ほか》の人《ひと》の発表《はっぴょう》を聞《き》く場合《ばあい》にも、ぼーっと聞《き》くのではなく聞《き》いた内容《ないよう》を考《かんが》えながら、わからないところは質問《しつもん》してみよう。

特別《とくべつ》コラム

東京《とうきょう》オリンピックの招致《しょうち》も発表《はっぴょう》の出《で》きばえで決《き》まった!?

2021年《ねん》に開催《かいさい》された東京《とうきょう》オリンピック・パラリンピックの決定《けってい》にも、「プレゼンテーション」の結果《けっか》が、大《おお》きな決《き》め手《て》となった。オリンピックは、開《ひら》きたい都市《とし》が全世界《ぜんせかい》に向《む》かって自分《じぶん》の都市《とし》のいいところを発表《はっぴょう》し、それをもとに投票《とうひょう》で決《き》められる。東京《とうきょう》を含《ふく》めた3つの都市《とし》がプレゼンテーションで競争《きょうそう》した結果《けっか》、東京《とうきょう》の熱意《ねつい》が上回《うわまわ》って開催都市《かいさいとし》に決《き》まったんだ。

また、Mac《マック》やiPhone《アイフォーン》を開発《かいはつ》したApple《アップル》の創業者《そうぎょうしゃ》であるスティーブ・ジョブズも、「プレゼンテーションの天《てん》才《さい》」といわれ、全世界《ぜんせかい》に向《む》けた新製品《しんせいひん》を発表《はっぴょう》するイベントをもり上《あ》げてApple《アップル》を成長《せいちょう》させたんだよ。

画像提供／共同通信社

うそつきかがみ

情報《じょうほう》クイズQ&A《キューアンドエー》

Q インターネットで友《とも》だちとメッセージを交換《こうかん》するサービスをまとめて何《なん》という?

①SMS《エスエムエス》
②SNS《エスエヌエス》
③SSS《エスエスエス》

A ②SNS《エスエヌエス》「Social Networking Service《ソーシャルネットワーキングサービス》」の略《りゃく》。友《とも》だち同士《どうし》で意見《いけん》を交換《こうかん》したり、友《とも》だちをつくったりする。

情報《じょうほう》クイズQ&A《キューアンドエー》

Q ウェブページが世界《せかい》で初《はじ》めて公開《こうかい》されたのは、いつ?

①1971年《ねん》 ②1981年《ねん》 ③1991年《ねん》

A
③1991年《ねん》 スイスの欧州《おうしゅう》原子核《げんしかく》研究《けんきゅう》機構《きこう》「CERN《セルン》」が公開《こうかい》したページが最初《さいしょ》で、現存《げんぞん》もしているよ。

情報《じょうほう》クイズQ&A《キューアンドエー》

Q 世界一高《せかいいちたか》い山《やま》であるエベレストの頂上《ちょうじょう》でも、インターネットに接続《せつぞく》することができる。本当《ほんとう》？　ウソ？

A 本当《ほんとう》 エベレストの最高地点《さいこうちてん》8848mでも携帯電話《けいたいでんわ》はつながり、通話《つうわ》やインターネットの利用《りよう》が可能《かのう》だよ。

情報《じょうほう》クイズQ&A《キューアンドエー》

Q ネットにつないだパソコンの安全《あんぜん》を守《まも》る仕組《しく》みは?

①ウォーターウォール ②ファイアウォール ③サンダーウォール

A ②ファイアウォール　防火壁《ぼうかへき》を意味《いみ》する言葉《ことば》で、インターネットからパソコンへの不正《ふせい》な侵入《しんにゅう》を防《ふせ》いでくれる。

あなたがた、みんな世界一《せかいいち》。
やっぱり!!
ちょうしのいいことばっかりいって、ひとをだまして!!
こわしてやる。
ごめんよう。
反省《はんせい》するか。
反省《はんせい》します!
あなたは、ほんとうはこんな顔《かお》です。
かがみ…、かがみ…。
かがみを見《み》たいよう。

インターネットで、どんなことでもしらべられるの？

インターネットでしらべるのに向《む》いていない情報《じょうほう》もたくさんある

ここまでに、インターネット上《じょう》にはたくさんの情報《じょうほう》があふれていて、検索《けんさく》すればさまざまなことをしらべられると話《はな》してきたね。では、インターネットで検索《けんさく》すれば、本当《ほんとう》に何《なん》でもしらべることができるのだろうか？

実《じつ》は、万能《ばんのう》に見《み》えるインターネットにも、しらべるのに向《む》いている情報《じょうほう》と向《む》いていない情報《じょうほう》がある。たとえば、次《つぎ》のものをしらべるのにインターネットが向《む》いているか、向《む》いていないか、考《かんが》えてみよう。

●担任《たんにん》の先生《せんせい》の生年月日《せいねんがっぴ》をしらべたい
●おなかがいたいから、病気《びょうき》のなおし方《かた》をしらべたい
●近所《きんじょ》の公園《こうえん》に、どんな虫《むし》がいるのかしらべたい

これらはどれも、インターネットでしらべるのには向《む》いていない情報《じょうほう》だ。その理由《りゆう》を説明《せつめい》していくよ。

保護《ほご》されている個人情報《こじんじょうほう》はしらべることができない

まずは個人《こじん》に関《かん》する情報《じょうほう》。Ｐａｒｔ《パート》３でも説明《せつめい》したように、個人情報《こじんじょうほう》は守《まも》られるべきもので、公《おおやけ》の立場《たちば》の人《ひと》や、自分《じぶん》から公開《こうかい》している人《ひと》でない限《かぎ》り、他人《たにん》が知《し》ることはできない。だから、だれもが知《し》っているタレントやスポーツ選手《せんしゅ》などをのぞいて、君《きみ》の学校《がっこう》の友《とも》だちや先生《せんせい》に関《かん》する情報《じょうほう》を検索《けんさく》しても、その本人《ほんにん》が自《みずか》らネット上《じょう》に公開《こうかい》していなければ、結果《けっか》には出《で》てこないはずだよ。

正確性《せいかくせい》が求《もと》められる情報《じょうほう》も

◀先生《せんせい》が自分《じぶん》から個人情報《こじんじょうほう》を公開《こうかい》していれば、もちろん検索結果《けんさくけっか》として表示《ひょうじ》されるよ。

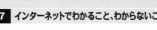

同《おな》じだ。インターネットで病気《びょうき》のなおし方《かた》をしらべても、情報《じょうほう》が正《ただ》しいとはかぎらないし、自分《じぶん》で確《たし》かめることもむずかしい。病気《びょうき》の心配《しんぱい》があるときは、まず病院《びょういん》で医師《いし》にみてもらうのが一番《いちばん》。このように、専門家《せんもんか》に直接《ちょくせつ》聞《き》かなければ答《こた》えがわからないことも、ネットでしらべるのには向《む》いていないよ。

現地《げんち》へ出《で》かけるとか行動《こうどう》してみないと結果《けっか》が出《で》ないこともそう。近所《きんじょ》の公園《こうえん》にどんな虫《むし》がいるかという自然《しぜん》や生物《せいぶつ》の観察《かんさつ》などは、しらべる人《ひと》や時間《じかん》、場所《ばしょ》、環境《かんきょう》などによって結果《けっか》が変《か》わってくる。だからインターネットよりも、自分《じぶん》の目《め》で確《たし》かめた情報《じょうほう》のほうが信頼《しんらい》できるんだ。

速報性《そくほうせい》のある情報《じょうほう》はインターネット検索《けんさく》に向《む》いている

では、逆《ぎゃく》にインターネットでしらべるのに向《む》いている、またはインターネットでないと得《え》られない情報《じょうほう》にはどんなものがあるだろう?

まずは、ニュースとして発信《はっしん》される情報《じょうほう》だ。たとえば今《いま》まさに競技場《きょうぎじょう》で行《おこな》われている試合《しあい》の結果《けっか》や途中経過《とちゅうけいか》は、新聞《しんぶん》にのるのは明日《あす》の早朝《そうちょう》。でもインターネットでは、野球《やきゅう》なら一球《いっきゅう》ごとの速報《そくほう》を見《み》ることもできる。今《いま》すぐに知《し》りたいなら、インターネットで見《み》るのが一番《いちばん》だ。

また、ツイッターやフェイスブックなどのSNS《エスエヌエス》で発信《はっしん》されている情報《じょうほう》もそうだ。最近《さいきん》はアメリカ合衆国《がっしゅうこく》のドナルド・トランプ元大統領《もとだいとうりょう》をはじめ有名《ゆうめい》な政治家《せいじか》やアーティストなどもSNS《エスエヌエス》を利用《りよう》していて、その発言《はつげん》が大《おお》きなニュースになることがあった。こうしたネット上《じょう》だけで発信《はっしん》される情報《じょうほう》は、やはりそこでしらべるしかない。

ほかにも、海外《かいがい》の情報《じょうほう》や、団体《だんたい》や企業《きぎょう》がホームページなどで公開《こうかい》している情報《じょうほう》などもそうだ。そういった情報《じょうほう》は、図書館《としょかん》に行《い》って本《ほん》を探《さが》してもなかなか手《て》に入《はい》らないものが多《おお》いから、インターネットでしらべたほうがより正確《せいかく》で多《おお》くの情報《じょうほう》を手《て》に入《い》れることができるよ。それから、旅行《りょこう》ガイドにのっていないような小《ちい》さな町《まち》の情報《じょうほう》や、新《あたら》しい本《ほん》の情報《じょうほう》も、インターネットなら手《て》に入《い》れられるね。

インターネット検索《けんさく》は、場合《ばあい》や必要《ひつよう》に応《おう》じてじょうずに利用《りよう》することが大事《だいじ》だよ。

ネットの“うそ”にご用心《ようじん》

インターネットの情報《じょうほう》が必《かなら》ずしも本当《ほんとう》だとはかぎらない

「フェイクニュース」や「デマニュース」といったことばを聞《き》いたことはあるかな? うその情報《じょうほう》でつくられたニュースのことで、これによって世《よ》の中《なか》の人々《ひとびと》の意見《いけん》が動《うご》いたり、大《おお》きな問題《もんだい》になったりすることもある。

そういったうそ情報《じょうほう》は特定《とくてい》の人《ひと》をおとしいれるとか、自分《じぶん》の利益《りえき》になるように世《よ》の中《なか》を動《うご》かす目的《もくてき》で発《はっ》信《しん》されるのだけど、そのうそを信《しん》じた人《ひと》たちがさらにSNS《エスエヌエス》などで、本当《ほんとう》かどうかよく確《たし》かめずに広《ひろ》めてしまうことも多《おお》いんだ。ドラえもんのまんがにもあったけど、人《ひと》はたとえあやしい話《はなし》であっても、自分《じぶん》につごうがよい話《はなし》は信《しん》じてしまいがちだから、気《き》をつけないとならないよ。

一人《ひとり》がうそを広《ひろ》め、それを知《し》った人《ひと》たちがさらに広《ひろ》めれば、うそ情報《じょうほう》はかぎりなく伝《つた》わっていく。そして一度《いちど》広《ひろ》まったうそ情報《じょうほう》をあとから取《と》り消《け》すことは、とってもむずかしくなってしまうんだ。自分《じぶん》に悪意《あくい》がなくても、うっかりうそを広《ひろ》めることに協力《きょうりょく》しないよう、人《ひと》に話《はなし》を伝《つた》える場合《ばあい》はその情報《じょうほう》が本物《ほんもの》かどうかを、しっかりと確《かく》認《にん》するように心《こころ》がける必要《ひつよう》があるね。

▲うその情報《じょうほう》は、いかにも本当《ほんとう》らしく伝《つた》えられる。ほかの情報源《じょうほうげん》も使《つか》ってしらべるくせをつけよう。

インターネットの情報《じょうほう》は便利《べんり》に使《つか》えるけど、注意《ちゅうい》も必要《ひつよう》

インターネット上《じょう》には、まちがっている情報《じょうほう》もあるよ。個人《こじん》で情報《じょうほう》を発信《はっしん》している人《ひと》の多《おお》くは、だれかをだまそうと思《おも》って書《か》いてはいない。でも、その人《ひと》が手《て》に入《い》れたもとの情報《じょうほう》がまちがっていたり、よく理解《りかい》できていなかったり、思《おも》いこみで書《か》いていたりする場合《ばあい》もあるんだ。

またインターネット上《じょう》にはウィキペディアなど、自由《じゆう》に使《つか》えるオンライン百科事典《ひゃっかじてん》がある。たくさんの情報《じょうほう》がのっているし、わかりやすくまとまっているけれど、すべての情報《じょうほう》が正《ただ》しいとはかぎらない。オンライン百科事《ひゃっかじ》典《てん》の多《おお》くは、だれでも記事《きじ》を編集《へんしゅう》でき、ほかの人《ひと》からチェックされなくても内容《ないよう》を書《か》きかえられる。だから、のっている情報《じょうほう》が古《ふる》いままだったり、編集《へんしゅう》した人《ひと》がまちがった情報《じょうほう》を書《か》いたり、悪意《あくい》をもつ人《ひと》がにせの情報《じょうほう》をのせたりする可能《かのう》性《せい》もあるんだ。

▲自由《じゆう》に編集《へんしゅう》できるネット上《じょう》の情報《じょうほう》は、まちがいがそのままになっていることも多《おお》い。

検索《けんさく》して出《で》てくる順番《じゅんばん》が上《うえ》だからと そのまま信《しん》じちゃダメ

検索《けんさく》サイトでしらべた結果《けっか》についても注意《ちゅうい》しよう。検《けん》索《さく》して画面《がめん》に表示《ひょうじ》される順番《じゅんばん》は上《うえ》から、内容《ないよう》が信《しん》じられる順番《じゅんばん》や、役《やく》だつ情報《じょうほう》がたくさんある順番《じゅんばん》に並《なら》んでいるわけではない。検索画面《けんさくがめん》で上《うえ》のほうのページだけ読《よ》んで満足《まんぞく》しがちだけど、なるべくいくつものページを見《み》くらべて、その中《なか》から正《ただ》しい情報《じょうほう》を選《えら》ぶ必要《ひつよう》があるよ。

また、速報《そくほう》ニュースではスピードを求《もと》めるあまり、事実《じじつ》の確認《かくにん》がきちんとできていなかったり、情報《じょうほう》が正《ただ》しく伝《つた》わらなかったりすることもある。インターネットで最新《さいしん》の情報《じょうほう》を手《て》に入《い》れたからといって、よく確認《かくにん》せずにほかのだれかに教《おし》えるのはやめようね。

ただ、だれでも自由《じゆう》に情報《じょうほう》を発信《はっしん》して、意見《いけん》を言《い》うことができるのはネットのよさでもある。インターネットの情報《じょうほう》をあつかうときは、きちんとしらべられた「明《あき》らかな事実《じじつ》」と、自分《じぶん》はこう考《かんが》えているという「個人的《こじんてき》な意見《いけん》」とをはっきりと区別《くべつ》すること。そして、事実《じじつ》ならそれが本当《ほんとう》かどうかをしっかりと確認《かくにん》し、個人《こじん》の意見《いけん》なら読《よ》んで参考《さんこう》にしながら、自分《じぶん》の意見《いけん》や主張《しゅちょう》を持《も》つことが大切《たいせつ》だよ。

▼インターネット上《じょう》の速報《そくほう》ニュースは、事実《じじつ》の確認《かくにん》がきちんとできていない場合《ばあい》もある。

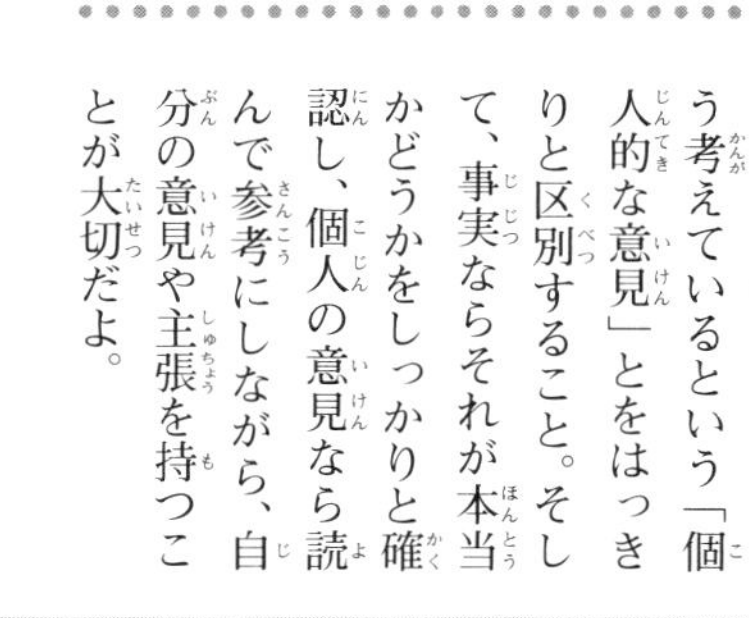

しらべものには複数《ふくすう》のメディアを使《つか》おう

インターネットでしらべたことは自分《じぶん》でもチェックしてから発表《はっぴょう》しよう

インターネットで何《なん》でもしらべられるわけではないし、まちがった情報《じょうほう》も多《おお》くある。では、インターネットの情報《じょうほう》をどのように利用《りよう》するのがよいのだろう？　それは、複数《ふくすう》のメディアを使《つか》ってしっかりと確認《かくにん》をすることだ。

❶インターネットで多《おお》くのページを見《み》る

インターネットでしらべるときは、いくつものページを見《み》よう。あるテーマに対《たい》して、ちがう人《ひと》が同《おな》じようなことを言《い》っていれば、その情報《じょうほう》は確実性《かくじつせい》が高《たか》まる。前《まえ》のページでも言《い》ったけど、検索《けんさく》ページで上《うえ》のほうに表示《ひょうじ》される情報《じょうほう》が正《ただ》しいというわけではないから、より正《ただ》しい情報《じょうほう》を確認《かくにん》しながらさがすことが大切《たいせつ》だよ。

そのうえで、情報《じょうほう》の出《で》どころをチェックすることも重《じゅう》要《よう》。個人《こじん》が書《か》いている情報《じょうほう》より、専門機関《せんもんきかん》が出《だ》している情報《じょうほう》は、より確実《かくじつ》である可能性《かのうせい》が高《たか》い。たとえば現在《げんざい》の日本《にほん》の人口《じんこう》について調《しら》べたいなら、人口《じんこう》の統計《とうけい》を管理《かんり》している総務省《そうむしょう》のホームページにあるデータが確実《かくじつ》だ。

❷紙《かみ》のメディアも使《つか》って確認《かくにん》する

そしてインターネットでしらべたら、ほかのメディアもチェックに使《つか》ってみよう。おすすめなのは、本《ほん》や雑誌《ざっし》、新聞《しんぶん》など、紙《かみ》のメディアだ。本《ほん》はその分野《ぶんや》にくわしい人《ひと》や研究《けんきゅう》している人《ひと》によって書《か》かれているものが多《おお》いし、新聞《しんぶん》や雑誌《ざっし》などでも、記者《きしゃ》が実際《じっさい》に取材《しゅざい》して得《え》た情報《じょうほう》をもとに書《か》かれている。そして記事《きじ》の内容《ないよう》に不確《ふたし》かな点《てん》がないかを、何人《なんにん》もの人《ひと》がチェックしているのが一般的《いっぱんてき》だ。

ただ、最近《さいきん》ある政治家《せいじか》が自分《じぶん》を批判《ひはん》する特定《とくてい》の新聞《しんぶん》を「フェイクニュース」と言《い》ったように、その人《ひと》の立場《たちば》やメディアによって意見《いけん》がちがうことはあるし、いつでも情報《じょうほう》が正《ただ》しいとはかぎらない。だから新聞《しんぶん》や雑誌《ざっし》で確《たし》かめるときにも、いくつか見《み》くらべたほうがいいね。本《ほん》などでチェックをするにしても、複数《ふくすう》の本《ほん》や資料《しりょう》を利用《りよう》することによって確実性《かくじつせい》が増《ま》すし、よりくわしい情報《じょうほう》を得《え》ることもできるよ。

インターネットと本《ほん》。どちらがよいかということではない。たくさんの情報《じょうほう》であふれている時代《じだい》だからこそ、場合《ばあい》に応《おう》じてメディアを使《つか》い分《わ》け、いくつもの資料《しりょう》や記事《きじ》を自分《じぶん》の目《め》で確認《かくにん》していくことが大事《だいじ》だよ。

❸ことばや用語《ようご》は辞書《じしょ》や事典《じてん》でチェックしよう

情報《じょうほう》をチェックするときには、内容《ないよう》だけでなく、ことばの使《つか》い方《かた》や用語《ようご》についても確認《かくにん》しよう。なにげなく使《つか》っていることばでも、実《じつ》はまちがった覚《おぼ》え方《かた》をして使《つか》っているかもしれないし、もっとふさわしい言《い》い方《かた》があるかもしれない。そのときに役《やく》に立《た》つのが辞書《じしょ》だ。

インターネットでてがるに検索《けんさく》できるのに、いちいち辞書《じしょ》をひくのはめんどうと思《おも》うかもしれない。でも辞書《じしょ》の情報《じょうほう》は正確《せいかく》だし、意味《いみ》がしっかりとまとめられているから、単語《たんご》の意味《いみ》を知《し》りたいなら辞書《じしょ》を使《つか》ったほうが実《じつ》は効率的《こうりつてき》なんだよ。また、最近《さいきん》はスマートフォンの辞書《じしょ》アプリもできているし、電子辞書《でんしじしょ》には一台《いちだい》の機器《きき》に何種《なんしゅ》類《るい》もの辞書《じしょ》の情報《じょうほう》が記録《きろく》されている。重《おも》たい紙《かみ》の辞書《じしょ》を何冊《なんさつ》も持《も》ち歩《ある》く必要《ひつよう》がないという利点《りてん》があるね。

特別《とくべつ》コラム

「校閲《こうえつ》」ってどんな仕事《しごと》？

本《ほん》や雑誌《ざっし》を作《つく》っている出版社《しゅっぱんしゃ》、新聞《しんぶん》を作《つく》っている新聞社《しんぶんしゃ》などには「校閲《こうえつ》」と呼《よ》ばれる職業《しょくぎょう》の人《ひと》がいる。「校閲《こうえつ》」とは、原稿《げんこう》を読《よ》んでまちがいを正《ただ》したり、内容《ないよう》の疑問点《ぎもんてん》を見《み》つけたりすること。文字《もじ》のまちがいはもちろん、文章《ぶんしょう》がおかしい部分《ぶぶん》を直《なお》したり、内容《ないよう》が文化的《ぶんかてき》、歴史的《れきしてき》に正《ただ》しいか調《しら》べたりもする専門家《せんもんか》たちなんだよ。

まんがやテレビドラマにもなったから、この仕事《しごと》のことを知《し》っている人《ひと》もいるかもしれないけど、いろいろな原稿《げんこう》をていねいに読《よ》んだうえで、細《こま》かなまちがいにも気《き》づかなければならないから、かなりの集中力《しゅうちゅうりょく》と根気《こんき》がいる仕事《しごと》だ。校閲《こうえつ》の人《ひと》たちが支《ささ》えているおかげで、りっぱな出版物《しゅっぱんぶつ》ができあがるんだね。

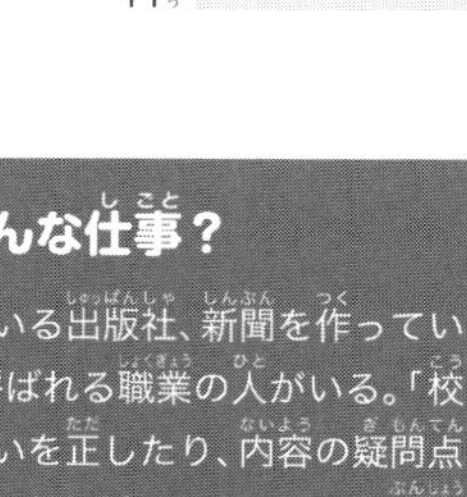

ロボット・カー

情報《じょうほう》クイズQ&A《キューアンドエー》

Q 人工知能《じんこうちのう》が、将来人間《しょうらいにんげん》の知能《ちのう》を超《こ》えるときを何《なん》という?

①アイデンティティ ②シンクロニシティ ③シンギュラリティ

A ③シンギュラリティ 「技術的特異点《ぎじゅつてきとくいてん》」とも訳《やく》され、2045年《ねん》には人工知能《じんこうちのう》が人類《じんるい》の文明《ぶんめい》に変化《へんか》をもたらすともいわれる。

情報《じょうほう》クイズQ&A《キューアンドエー》

Q スマートフォンの名称《めいしょう》になっている「アンドロイド」の元《もと》の意味《いみ》は？

①人工知能《じんこうちのう》

②工業製品《こうぎょうせいひん》

③人造人間《じんぞうにんげん》

A ③人造人間《じんぞうにんげん》 ソフトウェアが人間《にんげん》に近《ちか》い存在《そんざい》になってほしいという気持《きも》ちから、開発者《かいはつしゃ》が名付《なづ》けたそうだよ。

情報《じょうほう》クイズQ&A《キューアンドエー》

Q 携帯電話《けいたいでんわ》で地上波《ちじょうは》テレビ放送《ほうそう》を見《み》られる便利《べんり》なサービスを、何《なん》という?

①ワンセグ　②ツーセグ　③テンセグ

A

①ワンセグ　正式名称《せいしきめいしょう》は「携帯電話《けいたいでんわ》・移動体端末《いどうたいたんまつ》向《む》けの1セグメント部分受信《ぶぶんじゅしん》サービス」。2006年《ねん》4月《がつ》にサービスが始《はじ》まった。

パパ、負《ま》けるな、がんばれ、がんばれ。
スピードいはんですぞ。
どうもすんません。
こっちもだぞっ。
だれが運転《うんてん》してた。
なに、ひとりでに動《うご》く車《くるま》?
じゃ、悪《わる》いのは車《くるま》か。
車《くるま》におこってる。
おかしいんじゃないの。
やく〜めた。

大《おお》きく変《か》わる未来《みらい》の私《わたし》たちの暮《く》らし

近《ちか》い将来《しょうらい》にはドラえもんの世界《せかい》が現実《げんじつ》に!?

ここまでに説明《せつめい》してきたように、情報《じょうほう》技術《ぎじゅつ》は時代《じだい》と共《とも》にはげしく進化《しんか》している。昔《むかし》はスマホなんてなかったどころか、携帯電話《けいたいでんわ》でメッセージが送《おく》れるだけでも画期的《かっきてき》だったのに、今《いま》はスマホが一台《いちだい》あれば、いろいろなことができる。テレビも地上《ちじょう》デジタル放送《ほうそう》に変《か》わり、4K《ケー》対応《たいおう》で映像《えいぞう》も驚《おどろ》くほどきれいになった。

昔《むかし》の人《ひと》が今《いま》の世界《せかい》を見《み》たら、きっとびっくりするはずだ。ということは、今《いま》から数十年後《すうじゅうねんご》の世界《せかい》もまた、みんなが想像《そうぞう》できないほど変《か》わっているかもしれないね。

Part《パート》2でも説明《せつめい》したように、「IoT《アイオーティー》（モノのインターネット）」の技術《ぎじゅつ》は日々《ひび》進化《しんか》している。さまざまな物《もの》同士《どうし》が自動的《じどうてき》に情報《じょうほう》をやり取《と》りし、私《わたし》たちがより生活《せいかつ》しやすいようになっているんだ。たとえば、家《いえ》の中《なか》でも、インターネットの情報《じょうほう》につながった「スマート家電《かでん》」がさらに進化《しんか》していくはずだ。数十年後《すうじゅうねんご》にはもしかしたら、ドラえもんの世界《せかい》に出《で》てくるように、家《いえ》の中《なか》はこんなふうになっているかもしれないよ。

朝《あさ》、起《お》きる時間《じかん》になるとカーテンが開《ひら》いて光《ひかり》が入《はい》り、電気《でんき》やテレビがつく。朝食《ちょうしょく》も自動《じどう》で作《つく》られ、着替《きが》えてキッチンに行《い》くと、温《あたた》かいご飯《はん》やみそ汁《しる》が用意《ようい》されている。家族《かぞく》が学校《がっこう》や会社《かいしゃ》に行《い》っている間《あいだ》に、ロボットがそうじやせんたくをする。買《か》い物《もの》はカタログを見《み》てこれがほしいと口《くち》にするだけで、すぐに配達《はいたつ》される。洋服屋《ようふくや》さんに行《い》くと体《からだ》の大《おお》きさをスキャンして、その場《ば》で服《ふく》を仕立《した》ててくれる。レストランでもコンピューターが注文《ちゅうもん》を聞《き》いて作《つく》った料理《りょうり》がテーブルまではこばれ、代金《だいきん》はあとで口座《こうざ》から引《ひ》き落《お》とされる。ゲームで遊《あそ》ぶときは家《いえ》から出《で》て、広《ひろ》い空間《くうかん》で3D《スリーディー》立体《りったい》ゲームを楽《たの》しむ。

▼いつかは、こんな風景《ふうけい》が当《あ》たり前《まえ》の日《ひ》が来《く》るのかもしれない!?

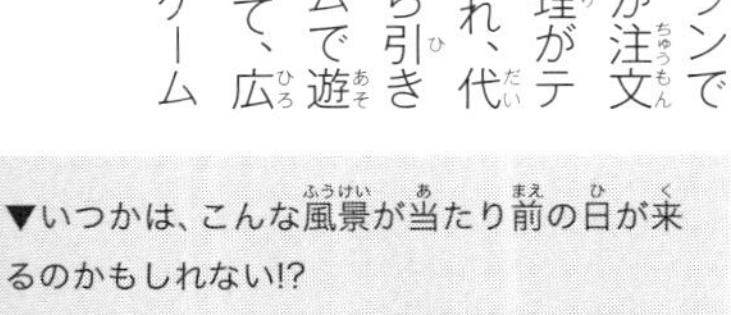

インターネットの利用《りよう》の仕方《しかた》も変《か》わる!?

テレビや映画《えいが》を見《み》たり、インターネットを利用《りよう》したりするのにも、画面《がめん》は必要《ひつよう》なくなるかもしれない。専用《せんよう》のメガネをかけてスマホなどで操作《そうさ》することで、目《め》の前《まえ》に映像《えいぞう》が浮《う》かび上《あ》がる機械《きかい》はすでに販売《はんばい》されている。設置《せっち》された画面《がめん》を見《み》る必要《ひつよう》がないから、ベッドであおむけになりながらでも、乗《の》り物《もの》での移動中《いどうちゅう》にも、好《す》きな体勢《たいせい》で映像《えいぞう》を楽《たの》しむことができるんだ。

また最近《さいきん》では、うでや手《て》のジェスチャーでコンピューターの操作《そうさ》ができるようになり始《はじ》めたよ。みんなが使《つか》うようになったら、マウスやキーボードは必要《ひつよう》なくなるね。インターネットへの接続《せつぞく》も、すべて自分《じぶん》の体《からだ》ひとつでできるようになるかもしれないんだ。

そして、それらの技術《ぎじゅつ》がさらに進化《しんか》すれば、コンピューターが人体《じんたい》にうめこまれて、頭《あたま》で考《かんが》えただけでそれを動《うご》かせるようになるかもしれない。すでに人体《じんたい》にマイクロチップをうめこんで、遠《とお》くから手《て》をかざしただけで機械《きかい》を動《うご》かしたりする実験《じっけん》も、一部《いちぶ》ではじまっているんだよ。

自動車《じどうしゃ》は人間《にんげん》が運転《うんてん》しなくても走《はし》ってくれるようになる!?

自動車《じどうしゃ》も何年《なんねん》か後《あと》には、運転手《うんてんしゅ》が操作《そうさ》をしなくても、勝手《かって》に町《まち》の道路《どうろ》を走《はし》ってくれるようになりそうなんだ。そんな「自動運転《じどううんてん》」は、日本《にほん》やアメリカ、ヨーロッパの自動車《じどうしゃ》メーカーを中心《ちゅうしん》に、研究《けんきゅう》・開発《かいはつ》が進《すす》められているよ。

今《いま》までに、運転手《うんてんしゅ》の動《うご》きを機械《きかい》が助《たす》けてくれる自動車《じどうしゃ》は一部実用化《いちぶじつようか》されている。人《ひと》が運転席《うんてんせき》にすわっている必要《ひつよう》はあるけど、常《つね》にハンドルを操作《そうさ》していなくても車線《しゃせん》にそって走行《そうこう》し、事故《じこ》の危険《きけん》がせまったときにはブレーキをかけてくれるんだ。そして、こうした技術《ぎじゅつ》の最終《さいしゅう》目標《もくひょう》が、運転席《うんてんせき》に人《ひと》がいなくても車《くるま》が安全《あんぜん》に道路《どうろ》を走《はし》る「完全自動運転《かんぜんじどううんてん》」だ。まだ一般的《いっぱんてき》に実用化《じつようか》はされていないけど、運転手《うんてんしゅ》がいない状態《じょうたい》で通信《つうしん》で操作《そうさ》された乗用車《じょうようしゃ》やバスが公道《こうどう》を走《はし》る実験《じっけん》は、すでにスタートしているよ。そして危険《きけん》をさけるために、車《くるま》の動《うご》きははなれたところから監視《かんし》しているんだ。

運転席《うんてんせき》にだれもいない車《くるま》が道《みち》を走《はし》

っていたら、なれるまではちょっと不安《ふあん》かもしれないけど、自動運転《じどううんてん》の技術《ぎじゅつ》にGPS《ジーピーエス》などの位置情報《いちじょうほう》や通信技術《つうしんぎじゅつ》を組《く》み合《あ》わせることで交通事故《こうつうじこ》や渋滞《じゅうたい》のない、より安全《あんぜん》でスムーズな交通《こうつう》システムができると考《かんが》えられているよ。

3D《スリーディー》プリンターで商品《しょうひん》を買《か》ったとたんに受《う》け取《と》れる!?

交通《こうつう》システムが変《か》われば、物《もの》を運《はこ》んだり送《おく》ったりする「物流《ぶつりゅう》」のシステムも変《か》わるはずだ。自動運転《じどううんてん》が実用化《じつようか》すれば、無人《むじん》の車《くるま》が物《もの》を運《はこ》んでくれるようになるし、ドローンを活用《かつよう》した空輸《くうゆ》の実験《じっけん》も積極的《せっきょくてき》に進《すす》められている。そしてもしかしたら、買《か》い物《もの》をしたときに、商品《しょうひん》を買《か》った人《ひと》のもとに届《とど》ける必要《ひつよう》すらなくなるかもしれない。そんなことを可能《かのう》にするのが3D《スリーディー》プリンターだ。

普通《ふつう》はプリンターといえば、文章《ぶんしょう》や絵《え》、写真《しゃしん》などを紙《かみ》に印刷《いんさつ》するものだよね。それに対《たい》して、3D《スリーディー》プリンターでは立体的《りったいてき》な「モノ」を出力《しゅつりょく》する。この技術《ぎじゅつ》が普及《ふきゅう》すれば、通販《つうはん》で買《か》い物《もの》をしたら、家《いえ》や近所《きんじょ》の3D《スリーディー》プリンターで出力《しゅつりょく》してすぐに受《う》け取《と》ることができる。しかも注文《ちゅうもん》した後《あと》につくるから、服《ふく》などは自分《じぶん》のサイズにぴったりと合《あ》うようにすることも可能《かのう》だね。最近《さいきん》では、3D《スリーディー》プリンターで食《た》べ物《もの》を出力《しゅつりょく》する実験《じっけん》も行《おこな》われているんだ。

今《いま》でも、3D《スリーディー》プリンターでつくられた医療模型《いりょうもけい》が病院《びょういん》で使《つか》われているし、ロケットの部品《ぶひん》を作成《さくせい》することにも成功《せいこう》している。3D《スリーディー》プリンターが私《わたし》たちの生活《せいかつ》になくてはならないものになる日《ひ》も、遠《とお》くないかもしれないね。

特別《とくべつ》コラム

未来《みらい》の自動車《じどうしゃ》は電気《でんき》か水素《すいそ》か!?

自動車《じどうしゃ》の進化《しんか》は自動運転《じどううんてん》だけでなく、動力源《どうりょくげん》でも進《すす》んでいる。すでにガソリン車《しゃ》からの移行《いこう》がはじまっていて、電気《でんき》で走《はし》る電気自動車《でんきじどうしゃ》(EV《イーブイ》)や、水素《すいそ》で走《はし》る燃料電池自動車《ねんりょうでんちじどうしゃ》(FCV《エフシーブイ》)などが、排出《はいしゅつ》ガスを外《そと》へ出《だ》さず、環境《かんきょう》にやさしい次世代《じせだい》の自動車《じどうしゃ》として期待《きたい》されている。経済産業省《けいざいさんぎょうしょう》では、2030年《ねん》までに燃料電池自動車《ねんりょうでんちじどうしゃ》を80万台程度《まんだいていど》まで普及《ふきゅう》させることを目標《もくひょう》にしているし、海外《かいがい》の自動車《じどうしゃ》メーカーではガソリンで動《うご》く車《くるま》の生産《せいさん》を全部《ぜんぶ》やめて、電気自動車《でんきじどうしゃ》に切《き》りかえようという動《うご》きもあるんだ。

トヨタのFCV《エフシーブイ》「MIRAI《ミライ》」。

画像提供/トヨタ自動車

小人《こびと》ロボット

情報《じょうほう》クイズQ&A《キューアンドエー》

Q アルファベット1文字《もじ》のデータ量《りょう》が1バイト。1テラバイトはその何倍《なんばい》？

①1万倍《まんばい》 ②1億倍《おくばい》 ③1兆倍《ちょうばい》

ほら、どうわにでてくるじゃない。
くつやさんがびょうきになって、しごとをやりかけのままねちゃうんだよ。
よなかになって、小人《こびと》たちがあらわれて、くつをつくってくれたんだ。
ねてるまにしごとしてくれる機械《きかい》ってないものかなあ。
あるよ。
「小人《こびと》ばこ」
これにたのんでねると、小型《こがた》ロボットがでてきてやってくれる。
宿題《しゅくだい》たのもう。
まてよ……。
きょうの宿題《しゅくだい》はむずかしいんだ。ロボットにできるかな。
できるさ。
ほかのことでためしてみよう。

A ③1兆倍《ちょうばい》 1バイトの千倍《せんばい》が1キロバイト、そのまた千倍《せんばい》ごとに1メガバイト、1ギガバイト、1テラバイトと単位《たんい》がかわるよ。

情報《じょうほう》クイズQ&A《キューアンドエー》

Q マウスを動《うご》かしたときの距離《きょり》を表《あらわ》す単位《たんい》を、「ミッキー」という。本当《ほんとう》? ウソ?

A 本当《ほんとう》 1ミッキーは約《やく》4分《ぶん》の1㎜。つまり4ミッキーで約《やく》1㎜、40ミッキーで約《やく》1㎝になるんだ。

情報《じょうほう》クイズQ&A《キューアンドエー》

Q 日本《にほん》で最《もっと》も計算《けいさん》が速《はや》いコンピューター「京《けい》」が、設置《せっち》されているのはどこ?

①横浜市《よこはまし》 ②名古屋市《なごやし》 ③神戸市《こうべし》

A ③神戸市《こうべし》　兵庫県《ひょうごけん》神戸市《こうべし》のポートアイランドにある、理化学研究所《りかがくけんきゅうじょ》計算科学研究機構《けいさんかがくけんきゅうきこう》に設置《せっち》されているよ。

人工《じんこう》知能《ちのう》の時代《じだい》に、人間《にんげん》にできることとは？

きょうの宿題《しゅくだい》はむずかしいんだ。ロボットにできるかな。
できるさ。

人工《じんこう》知能《ちのう》は人間《にんげん》より頭《あたま》が良《よ》くなっている!?

将棋《しょうぎ》の世界《せかい》で、２０１６年《ねん》に史上最年少《しじょうさいねんしょう》の14歳《さい》でプロ棋士《きし》になった藤井聡太四段《ふじいそうたよだん》。その後《ご》、多《おお》くのプロ棋士《きし》をやぶって最多連勝記録《さいたれんしょうきろく》を更新《こうしん》したことが話題《わだい》になったけれど、そんな藤井四段《ふじいよだん》が将棋《しょうぎ》に強《つよ》くなるための研究《けんきゅう》に活《かつ》用《よう》しているのが、コンピューター上《じょう》で開発《かいはつ》された人工知《じんこうち》能《のう》（ＡＩ《エーアイ》）だ。

画像提供／時事通信社

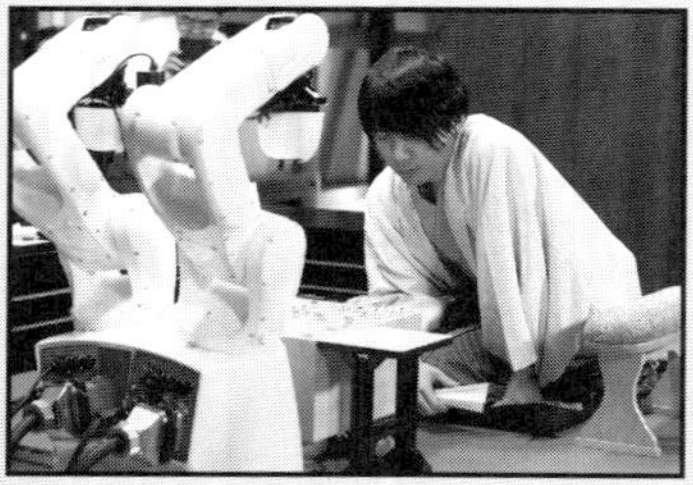

人間《にんげん》と人工知能《じんこうちのう》は昔《むかし》からさまざまなボードゲームで頭脳《ずのう》バトルをしてきた。最初《さいしょ》に対戦《たいせん》したのはチェス。はじめは人間《にんげん》のほうが強《つよ》かったけれど、１９９７年《ねん》にチェス専用《せんよう》のスーパーコンピューター「ディープ・ブルー」が、当時《とうじ》の世界《せかい》チャンピオンに勝《か》って話題《わだい》になったんだ。

人工知能《じんこうちのう》は、今《いま》まで行《おこな》われてきた過去《かこ》の勝負《しょうぶ》のパターンを学習《がくしゅう》し、その状況《じょうきょう》において最善《さいぜん》の手《て》をすぐに計算《けいさん》することができる。将棋《しょうぎ》はチェスよりも人工知能《じんこうちのう》が強《つよ》くなるのに時間《じかん》がかかったけれど、今《いま》や人工知能《じんこうちのう》が将棋《しょうぎ》の名人《めいじん》にも勝《か》てる時代《じだい》になった。また囲碁《いご》は、チェスや将《しょう》棋《ぎ》に比《くら》べて盤面《ばんめん》が広《ひろ》く、対局《たいきょく》のパターンが多《おお》いため、人《じん》工知能《こうちのう》が人間《にんげん》に勝《か》つのは難《むずか》しいといわれていたけれど、２０１６年《ねん》3月《がつ》に囲碁《いご》ソフトの「アルファ碁《ご》」が世界《せかい》のトップ棋士《きし》との五番勝負《ごばんしょうぶ》に勝利《しょうり》し、人々《ひとびと》に大《おお》きなショックを与《あた》えた。このように、人工知能《じんこうちのう》の性能《せいのう》は人間《にんげん》の想像《そうぞう》を超《こ》えるスピードで進化《しんか》し続《つづ》けているんだ。

ロボットや、ほん訳《やく》アプリも人工知能《じんこうちのう》が動《うご》かす時代《じだい》に

では、そもそも人工知能《じんこうちのう》とは何《なん》だろう？　それは、コンピューターに人間《にんげん》のような知能《ちのう》をもたせようというもので、人間《にんげん》が脳《のう》で考《かんが》えて行《おこな》う知的《ちてき》な作業《さぎょう》をコンピューターに自分《じぶん》で行《おこな》わせるシステムのことだ。Ｐｅｐｐｅｒ《ペッパー》な

どのロボットを動《うご》かしているのも人工知能《じんこうちのう》だし、自動運転《じどううんてん》や、ほん訳《やく》アプリ、おそうじロボットなどの最新技術《さいしんぎじゅつ》も、すべて人工知能《じんこうちのう》が可能《かのう》にしていることなんだ。

人工知能《じんこうちのう》は、画像《がぞう》や音声《おんせい》、数値《すうち》などのデータを多《おお》く与《あた》えれば与《あた》えるほど性能《せいのう》が向上《こうじょう》する。たとえば、将棋《しょうぎ》ソフトに入《はい》っている人工知能《じんこうちのう》は、これまでにさまざまな人《ひと》が対戦《たいせん》した将棋《しょうぎ》の対局《たいきょく》パターンを何百万局《なんびゃくまんきょく》と読《よ》みこみ、さらに人工知能《じんこうちのう》どうしで無数《むすう》に対戦《たいせん》することで、自《みずか》ら学習《がくしゅう》し強《つよ》くなっていく。最近《さいきん》では、人間《にんげん》の顔《かお》を見分《みわ》けたり、より複雑《ふくざつ》な思考《しこう》が人工知能《じんこうちのう》でできる「ディープ・ラーニング（深層学習《しんそうがくしゅう》）」という技術《ぎじゅつ》の研究《けんきゅう》も進《すす》んでいる。

そして、人工知能《じんこうちのう》が優秀《ゆうしゅう》になればなるほど、人間《にんげん》が自《じ》分《ぶん》でやらなくてはいけないことはへっていくかもしれない。人工知能《じんこうちのう》をのせたロボットは、一度《いちど》覚《おぼ》えたことを忘《わす》れないし、まちがえることもない。「疲《つか》れた」と言《い》うこともないよね。人工知能《じんこうちのう》でもできることや、人工知能《じんこうちのう》にやらせたほうが効率《こうりつ》のよい作業《さぎょう》は、だんだんと人間《にんげん》にかわって役割《やくわり》をこなすようになってくるし、その流《なが》れは今後《こんご》さらに強《つよ》まることが確実《かくじつ》だ。20年後《ねんご》には、今《いま》ある仕事《しごと》の半分《はんぶん》くらいは、人工知能《じんこうちのう》にとってかわられるともいわれているんだよ。

20年後《ねんご》に人間《にんげん》の仕事《しごと》は半分《はんぶん》になる!?

では、身近《みぢか》にある職業《しょくぎょう》が、人工知能《じんこうちのう》でもできることか、人間《にんげん》でないとできないことか、考《かんが》えてみよう。

コンビニの店員《てんいん》はどうだろう？　レジを打《う》ったり、商《しょう》品《ひん》をならべたり、そうじをしたり……どれもロボットでもできそうだね。実際《じっさい》に海外《かいがい》では、レジに人《ひと》がいない無《む》人《じん》コンビニが設置《せっち》されているところもあるんだ。

大工《だいく》さんは？　ロボットは人間《にんげん》より力《ちから》があるし、むずかしい作業《さぎょう》もできる。すでに建設現場《けんせつげんば》ではさまざまな補《ほ》助機械《じょきかい》が使《つか》われていて、それらも自動操縦《じどうそうじゅう》が可能《かのう》になっていくだろう。むしろ人《ひと》がケガをしやすい危険《きけん》な作業《さぎょう》なら機械《きかい》にやらせたほうがいいよね。

タクシーやバス、トラックの運《うん》転手《てんしゅ》も、自動運転《じどううんてん》が実用化《じつようか》されればコンピューターにおきかわっていくだろう。警備《けいび》の仕事《しごと》も、人工《じんこう》知能《ちのう》が監視《かんし》カメラや赤外線《せきがいせん》などを使《つか》ってすみずみまで見《み》わたせば、24時間疲《じかんつか》れることなくできる。

▼いつかはハンバーガーショップも、ロボットが接客《せっきゃく》する時代《じだい》に？

体《からだ》を使《つか》う仕事《しごと》ばかりではない。病院《びょういん》でレントゲン写真《しゃしん》から病気《びょうき》を見《み》つけ出《だ》す仕事《しごと》や、裁判《さいばん》で似《に》たような判例《はんれい》をさがす仕事《しごと》、すばやい判断《はんだん》で株《かぶ》の取引《とりひき》をする仕事《しごと》など、これまで人間《にんげん》の専門的《せんもんてき》な知識《ちしき》が必要《ひつよう》とされた分野《ぶんや》でも、人工知能《じんこうちのう》が活用《かつよう》されはじめている。あらゆる仕事《しごと》で人工《じんこう》知能《ちのう》が活躍《かつやく》する社会《しゃかい》が、すぐそこまで来《き》ているんだ。

何《なに》かを創造《そうぞう》することはコンピューターにはできない

人工知能《じんこうちのう》が何《なん》でもやってくれるなら、私《わたし》たちはまかせっきりで何《なに》もしなくていいのかな？　そうではないよね。逆《ぎゃく》に、人工知能《じんこうちのう》ではできないことを考《かんが》えてみよう。

▲他者《たしゃ》と協力《きょうりょく》して仕事《しごと》ができるのは、人間《にんげん》ならではのよさと言《い》えるね。

フェイスブックを立《た》ち上《あ》げたマーク・ザッカーバーグ氏《し》はこんなことを言《い》っている。「人工知能《じんこうちのう》は、仕事《しごと》を理解《りかい》することはできない」。人工知能《じんこうちのう》は、いくつかのパターンを覚《おぼ》えさせれば、それがどんなに多《おお》くても一瞬《いっしゅん》で理解《りかい》して記憶《きおく》することができるし、プログラムで決《き》められた範囲《はんい》の仕事《しごと》であれば、完《かん》ぺきにこなすことができる。

でも、その仕事《しごと》を何《なん》のためにするのか、よりよくするためにはどうしたらいいのかといったことを考《かんが》えることは、まだできない。つまり、組《く》みこまれたプログラムをもとにちがうことをしたり、新《あたら》しいアイディアを生《う》み出《だ》したりすることはできないし、何《なに》かトラブルが起《お》きた場合《ばあい》に対応《たいおう》することもむずかしい。また、ほかの人《ひと》（機械《きかい》）と協力《きょうりょく》し合《あ》ったり、チームを一《ひと》つにまとめたりといった能《のう》力《りょく》も、今《いま》のところ人工知能《じんこうちのう》がにがてとしているんだ。

人工知能《じんこうちのう》の時代《じだい》だからこそ人間《にんげん》にしかできないことが重要《じゅうよう》になる

では今度《こんど》は、身近《みぢか》なことで、人間《にんげん》のほうが得意《とくい》なことを考《かんが》えてみよう。

●学校《がっこう》の教師《きょうし》

子《こ》どもたち一人《ひとり》ひとりと向《む》き合《あ》って、その子《こ》に応《おう》じた教育《きょういく》をすることは、機械《きかい》にはむずかしい。親身《しんみ》になやみを聞《き》いてあげるのも、人間《にんげん》だからできることだよね。

●芸術家《げいじゅつか》

芸術作品《げいじゅつさくひん》を生《う》み出《だ》すには、創造力《そうぞうりょく》やひらめき、直感《ちょっかん》が必要《ひつよう》だ。人工知能《じんこうちのう》には、まだ人間《にんげん》の感情《かんじょう》や気持《きも》ちをくみ取《と》ることはできないから、人《ひと》を感動《かんどう》させるすぐれた作品《さくひん》をつくることは、人間《にんげん》のほうが向《む》いているといえる。

●科学者《かがくしゃ》、研究者《けんきゅうしゃ》

人工知能《じんこうちのう》はまだ創造力《そうぞうりょく》には欠《か》ける。だから、世《よ》の中《なか》が必要《ひつよう》とする課題《かだい》を自《みずか》ら見《み》つけて今《いま》までにない発明《はつめい》をしたり、解明《かいめい》されていなかった未知《みち》のなぞを新《あたら》しい視点《してん》から解《と》き明《あ》かしたりという発想《はっそう》は、人間《にんげん》のほうが得意《とくい》なんだ。

ほかにも、新《あたら》しい仕事《しごと》を生《う》み出《だ》す企業家《きぎょうか》や、国《くに》を動《うご》かす政治家《せいじか》などは、人間《にんげん》がやったほうがよさそうだ。決《き》められた規則《きそく》だけで人工知能《じんこうちのう》が人間《にんげん》を支配《しはい》する世界《せかい》はこわいよね。流行語《りゅうこうご》にもなった「おもてなし」の精神《せいしん》も、人間《にんげん》ならではのよさといえる。このように、人間《にんげん》のほうが向《む》いていることや、人工知能《じんこうちのう》にもできるけど、人間《にんげん》のほうが大《おお》きな成果《せいか》を出《だ》せることはたくさんあるんだよ。

よりよい未来《みらい》をめざして機械《きかい》やロボットをつくること、そこに人工知能《じんこうちのう》のようなプログラムを組《く》み込《こ》んで人々《ひとびと》の役《やく》に立《た》つように適切《てきせつ》な指示《しじ》を出《だ》すことは、人間《にんげん》の仕事《しごと》だ。そして、情報化《じょうほうか》が進《すす》む世界《せかい》で人《ひと》と人《ひと》のあいだをスムーズにつなぐこと、さらに人《ひと》と機械《きかい》、機械《きかい》と機械《きかい》の関係《かんけい》をバランスよく作《つく》り上《あ》げることも、社会《しゃかい》の発展《はってん》のためにこれから人間《にんげん》が努力《どりょく》していかなければならないことなんだ。

世界中《せかいじゅう》にはいろんな民族《みんぞく》がいるし、年齢《ねんれい》もまちまち。いろいろな人《ひと》たちが協力《きょうりょく》し合《あ》い、平和《へいわ》に暮《く》らせる社会《しゃかい》をつくることは人間《にんげん》がしなければならない大切《たいせつ》な仕事《しごと》だ。

人工知能《じんこうちのう》が全盛《ぜんせい》の時代《じだい》になっても、私《わたし》たち人間《にんげん》にできることはたくさんある。むしろそんな時代《じだい》だからこそ、「人間《にんげん》にしかできないこと」「人間《にんげん》らしさとは何《なに》か」をいつも考《かんが》え、大切《たいせつ》にしていきたいよね。

特別《とくべつ》コラム

ホテルの従業員《じゅうぎょういん》が恐竜《きょうりゅう》に!?

長崎県佐世保市《ながさきけんさせぼし》のテーマパークにある「変《へん》なホテル ハウステンボス」が話題《わだい》になっている。ここでは、人型《ひとがた》、恐竜型《きょうりゅうがた》など、200台以上《だいいじょう》のロボットがホテルの従業員《じゅうぎょういん》として働《はたら》いていて、接客《せっきゃく》や案内《あんない》などを行《おこな》っているんだ。

ホテルに入《はい》るとまず、フロントで恐竜型《きょうりゅうがた》のロボットがむかえ入《い》れてくれる。部屋《へや》のドアは、顔認証《かおにんしょう》で開《あ》けることもできるんだ。2015年《ねん》にオープンし、「世界初《せかいはつ》のロボットホテル」として、ギネス世界記録《せかいきろく》にも認定《にんてい》されたんだよ。

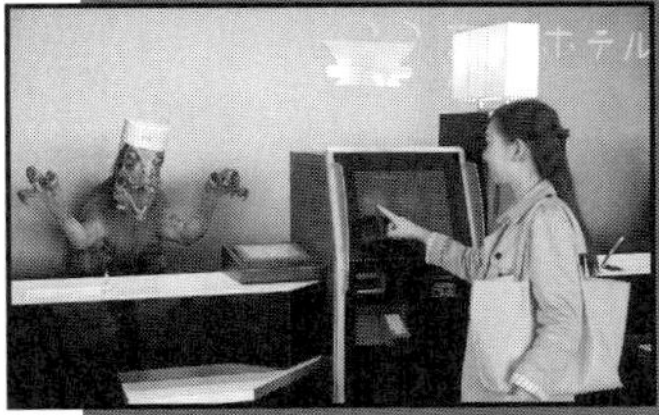

十戒石板《じっかいせきばん》

のび太《た》でしょ、またトイレのドアをあけっぱなしにして。
受話器《じゅわき》は、キチンとかけなさい!
使《つか》った道具《どうぐ》はもとの場所《ばしょ》へ!!
ほんとにもうだらしのない…。
思《おも》いしらせてやるわ!!
くつはそろえてぬぎなさい
なんだこりゃ。

情報《じょうほう》クイズQ&A《キューアンドエー》

Q インターネット販売《はんばい》で有名《ゆうめい》な会社《かいしゃ》、「アマゾン・ドット・コム」の名前《なまえ》の元《もと》になったのはどれ?

①山《やま》
②川《かわ》
③海《うみ》

A ②川《かわ》 南《みなみ》アメリカ大陸《たいりく》を流《なが》れ、世《せ》界《かい》最《さい》大《だい》の流《りゅう》域《いき》面《めん》積《せき》を誇《ほこ》るアマゾン川《がわ》が名前《なまえ》の由来《ゆらい》だよ。

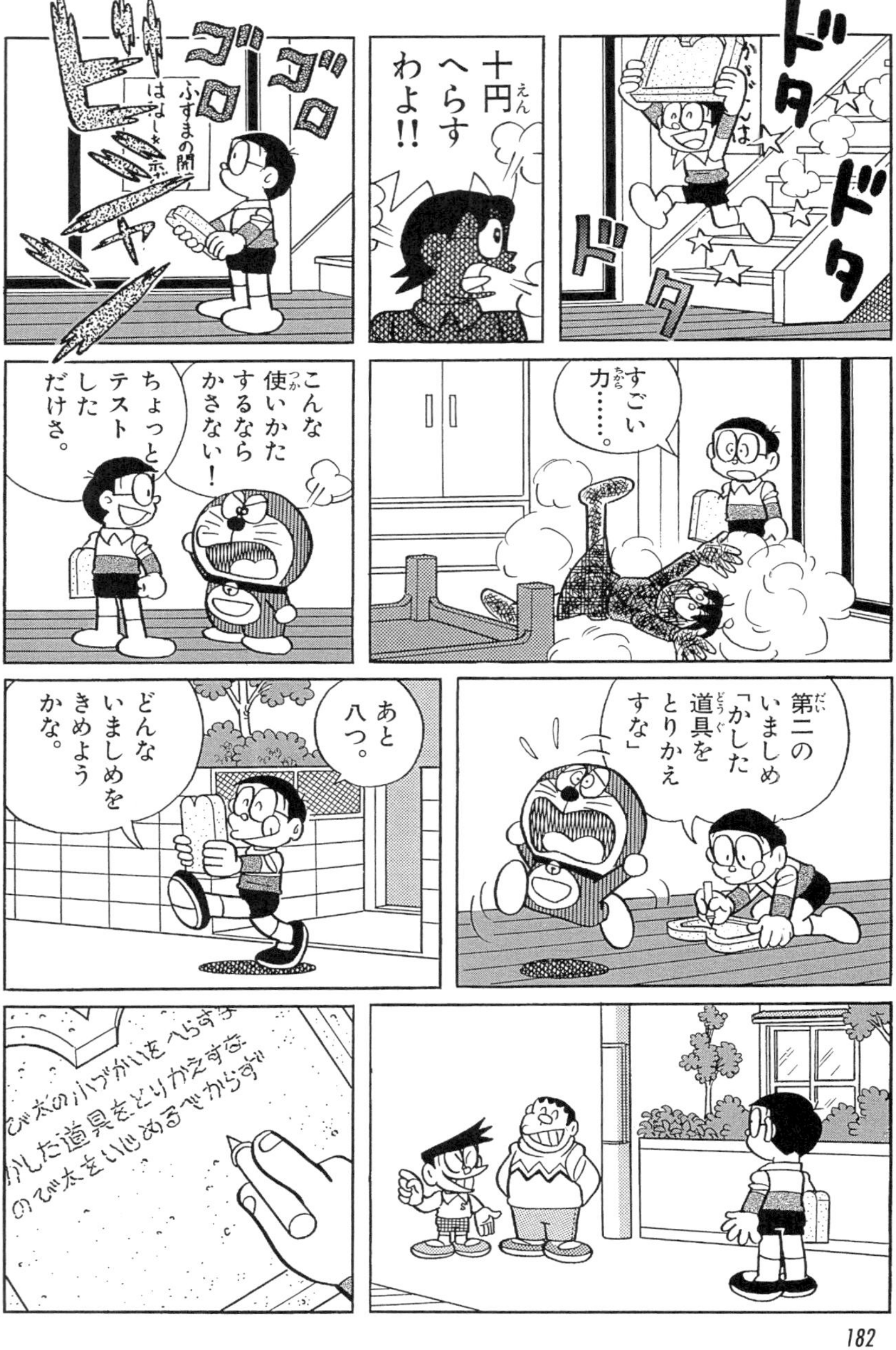

情報《じょうほう》クイズQ&A《キューアンドエー》

Q インターネット上《じょう》で、ある話題《わだい》が爆発的《ばくはつてき》に広《ひろ》まることを意味《いみ》する言葉《ことば》は?

①ググる
②コピる
③バズる

A ③バズる　ざわつく、うわさするなどを意味《いみ》するマーケティング用語《ようご》の「Buzz《バズ》」と「〜する」を合《あ》わせた言葉《ことば》だよ。

情報《じょうほう》クイズQ&A《キューアンドエー》

Q カメラ付携帯電話《つきけいたいでんわ》を発明《はつめい》した国《くに》はどこ?

①アメリカ ②フランス ③日本《にほん》

A ③ 日本《にほん》で1999年《ねん》に発売《はつばい》された機種《きしゅ》が、世界《せかい》で初《はじ》めてのカメラ付携帯電話《つきけいたいでんわ》だった。今《いま》ではみんなが使《つか》っている。

情報《じょうほう》と人類《じんるい》の関係《かんけい》、おもしろ豆知識《まめちしき》

豆知識《まめちしき》❶ 古代《こだい》の人《ひと》はどうやって情報《じょうほう》を伝《つた》えてきた？

ことばも文字《もじ》もなかったころの人々《ひとびと》は、ジェスチャーをしたり、絵《え》を描《か》いたりして情報《じょうほう》を伝《つた》えていた。その絵《え》が、やがて人類最古《じんるいさいこ》の文字《もじ》といわれるくさび形文字《がたもじ》や象《しょう》形文字《けいもじ》へと進化《しんか》。文字《もじ》を石板《せきばん》や粘土板《ねんどばん》にきざむことで情《じょう》報《ほう》を伝《つた》えたり、残《のこ》したりするようになった。そうして記《き》録《ろく》が残《のこ》されているおかげで、現代《げんだい》の人《ひと》たちは5000年《ねん》以上《いじょう》も前《まえ》の当時《とうじ》のことを知《し》ることができるんだよ。

また、遠《とお》い場所《ばしょ》に速《はや》く情報《じょうほう》を伝《つた》えたいときには、たいこで大《おお》きな音《おと》を出《だ》したり、煙《けむり》でのろしを上《あ》げたりしていた。手紙《てがみ》を届《とど》けたい場《ば》合《あい》には、人間《にんげん》が走《はし》って届《とど》けていたんだよ。

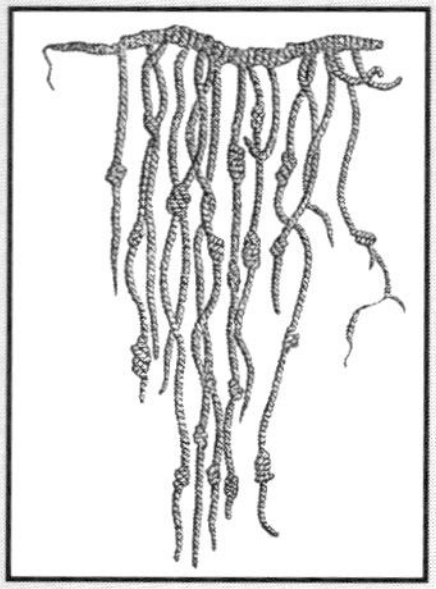

◀15世紀《せいき》ごろに栄《さか》えたインカ帝国《ていこく》では、ひものむすび目《め》で、数字《すうじ》を記録《きろく》して情《じょう》報《ほう》を伝《つた》えていたよ。

豆知識《まめちしき》❷ 紙《かみ》に記録《きろく》できる活版印刷術《かっぱんいんさつじゅつ》は、歴史的《れきしてき》な発明《はつめい》

昔《むかし》の人々《ひとびと》は文字《もじ》で情報《じょうほう》を記録《きろく》するのに、やがて草《くさ》のせんいや木《き》の板《いた》、羊《ひつじ》の皮《かわ》などを使《つか》うようになった。石板《せきばん》より軽《かる》くてもち運《はこ》びやすいし、保管《ほかん》もしやすくなったけど、まだ手《て》で書《か》きうつすことに変《か》わりはなかったんだ。

しかしそんな状況《じょうきょう》を一変《いっぺん》させたのが、印刷技術《いんさつぎじゅつ》の発明《はつめい》。木《き》の板《いた》に文字《もじ》や絵《え》を彫《ほ》って印刷《いんさつ》する木版印刷《もくはんいんさつ》が7～8世《せい》紀《き》ごろに中国《ちゅうごく》で始《はじ》まり、15世紀《せいき》にはヨーロッパで活版印《かっぱんいん》刷術《さつじゅつ》が発明《はつめい》された。活版印刷《かっぱんいんさつ》は木《き》や金属《きんぞく》でできた活字《かつじ》を組《く》んでインクをつけ、それを紙《かみ》に押《お》しつけて文字《もじ》を刷《す》る技術《ぎじゅつ》。本《ほん》を大量《たいりょう》に安《やす》く印刷《いんさつ》できる活版印刷術《かっぱんいんさつじゅつ》は、らしん盤《ばん》、火薬《かやく》とならんで「ルネサンスの三大発明《さんだいはつめい》」といわれるほど、社《しゃ》会《かい》に大《おお》きな変革《へんかく》をもたらしたんだ。

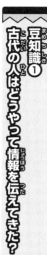

豆知識《まめちしき》③ 世界《せかい》で最《もっと》も古《ふる》いコンピューターは？

コンピューターはいつの時代《じだい》からあるのだろう？　現《げん》在《ざい》使《つか》われているような形状《けいじょう》のコンピューターが作《つく》られたのは20世紀《せいき》だけど、複雑《ふくざつ》な計算《けいさん》をする機械《きかい》という意味《いみ》でのコンピューターは、はるか昔《むかし》から存在《そんざい》していた。

電気《でんき》を使《つか》わないアナログのコンピューターで世界最古《せかいさいこ》といわれているのは、「アンティキティラ島《とう》の機械《きかい》」。これは、古代《こだい》ギリシャで天体《てんたい》の運行《うんこう》を計《けい》算《さん》するためにつくられた機械《きかい》で、針《はり》で時間《じかん》を示《しめ》すアナログ時計《どけい》のように、内部《ないぶ》ではいくつもの歯《は》車《ぐるま》が複雑《ふくざつ》にかみ合《あ》って動《うご》いていたと考《かんが》えられているんだ。製作《せいさく》されたのは紀元前《きげんぜん》とされているけど、おどろくほど精密《せいみつ》につくられていて、いまだにナゾが多《おお》く残《のこ》されている。

▼1901年《ねん》にギリシャ沖《おき》の沈没船《ちんぼつせん》から発見《はっけん》された「アンティキティラ島《とう》の機械《きかい》」。

そして、現存《げんそん》して動《うご》くコンピューターで最《もっと》も古《ふる》いのは、イギリスのハーウェルデカトロン。製作《せいさく》されたのは1951年《ねん》で、重《おも》さ2・5トンもある巨大《きょだい》な機械《きかい》だ。長《なが》い間《あいだ》、イギリスの国立《こくりつ》コンピューティング博物館《はくぶつかん》でねむっていたけど、約《やく》3年《ねん》をかけて修復《しゅうふく》され、2012年《ねん》に数《すう》十年《じゅうねん》ぶりに再起動《さいきどう》したんだよ。

ちなみに、今《いま》のコンピューターの元祖《がんそ》とされているのが、チューリングマシンという仮想《かそう》の計算機《けいさんき》だ。情報《じょうほう》が書《か》き込《こ》まれた無限《むげん》に長《なが》いテープと、情報《じょうほう》を読《よ》み書《か》きする装置《そうち》を使《つか》ってあらゆる計算《けいさん》ができるというもの。とても単純《たんじゅん》なつくりで、現実《げんじつ》には存在《そんざい》しないけど、理論的《りろんてき》には現代《げんだい》のコンピューターのしくみとほぼ同《おな》じものなんだ。

▼1951年《ねん》に作《つく》られたハーウェルデカトロンには、ガスをつめた828本《ぼん》の計数管《けいすうかん》が使《つか》われている。

豆知識《まめちしき》④ 日本《にほん》で最《もっと》も速《はや》く計算《けいさん》ができるコンピューターは?

Part《パート》1でも説明《せつめい》したように、いま日本《にほん》で最《もっと》も速《はや》く計算《けいさん》ができるコンピューターは、スーパーコンピューターの「富岳《ふがく》」だ。

どれくらい速《はや》いかというと、1秒間《びょうかん》に約《やく》40京回《けいかい》の計算《けいさん》をすることができる。日本《にほん》にいる約《やく》1億《おく》2000万人《まんにん》の全員《ぜんいん》が、1秒間《びょうかん》に1回計算《かいけいさん》をしたとしても約《やく》100年《ねん》かかるほどの計算量《けいさんりょう》だ。

そして、それほどとてつもない高性能《こうせいのう》のマシンだから当然《とうぜん》、驚《おどろ》くほどの電気《でんき》を使《つか》う。「富岳《ふがく》」が全力《ぜんりょく》で1時間計算《じかんけいさん》する時《とき》に使《つか》う電気《でんき》の量《りょう》は、30メガワット時《じ》にもなる。これは、日本《にほん》で4人家族《にんかぞく》の家庭《かてい》が使《つか》う電気《でんき》の量《りょう》の6年分《ねんぶん》にもなるんだよ。

豆知識《まめちしき》⑤ いま話題《わだい》のAR《エーアール》って、どんなもの?

最近《さいきん》、AR《エーアール》やVR《ブイアール》といったことばをよく聞《き》くようになったね。AR《エーアール》(拡張現実《かくちょうげんじつ》)は、人《ひと》が本来《ほんらい》は感知《かんち》できないはずの情報《じょうほう》を現実世界《げんじつせかい》に加《くわ》える技術《ぎじゅつ》。スマートフォンの映像《えいぞう》や本《ほん》の写真《しゃしん》が飛《と》び出《だ》したり、空間《くうかん》に3D映像《スリーディーえいぞう》が浮《う》かび上《あ》がったりするんだ。Part《パート》1で説明《せつめい》したVR《ブイアール》との大《おお》きなちがいは、デジタル情報《じょうほう》を現実世界《げんじつせかい》で感《かん》じとるか、仮想《かそう》の世界《せかい》に入《はい》りこんで体験《たいけん》するか、という点《てん》だよ。

AR《エーアール》を活用《かつよう》した代表的《だいひょうてき》な例《れい》が、大人気《だいにんき》のゲーム「ポケモンGO《ゴー》」。プレイする人《ひと》は現実世界《げんじつせかい》にいながら、仮想世界《かそうせかい》にいるポケモンを捕《つか》まえることができるんだ。同《おな》じように、スマートフォンをかざしてその場所《ばしょ》の昔《むかし》の風景《ふうけい》を見《み》たり、家具《かぐ》を買《か》うときに自分《じぶん》の部屋《へや》に置《お》いた状態《じょうたい》をシミュレーションしたりといったこともできるんだよ。

▼お城《しろ》でスマホをかざすと、昔《むかし》のたたかいの様子《ようす》が見《み》られるAR《エーアール》サービスもあるんだ。

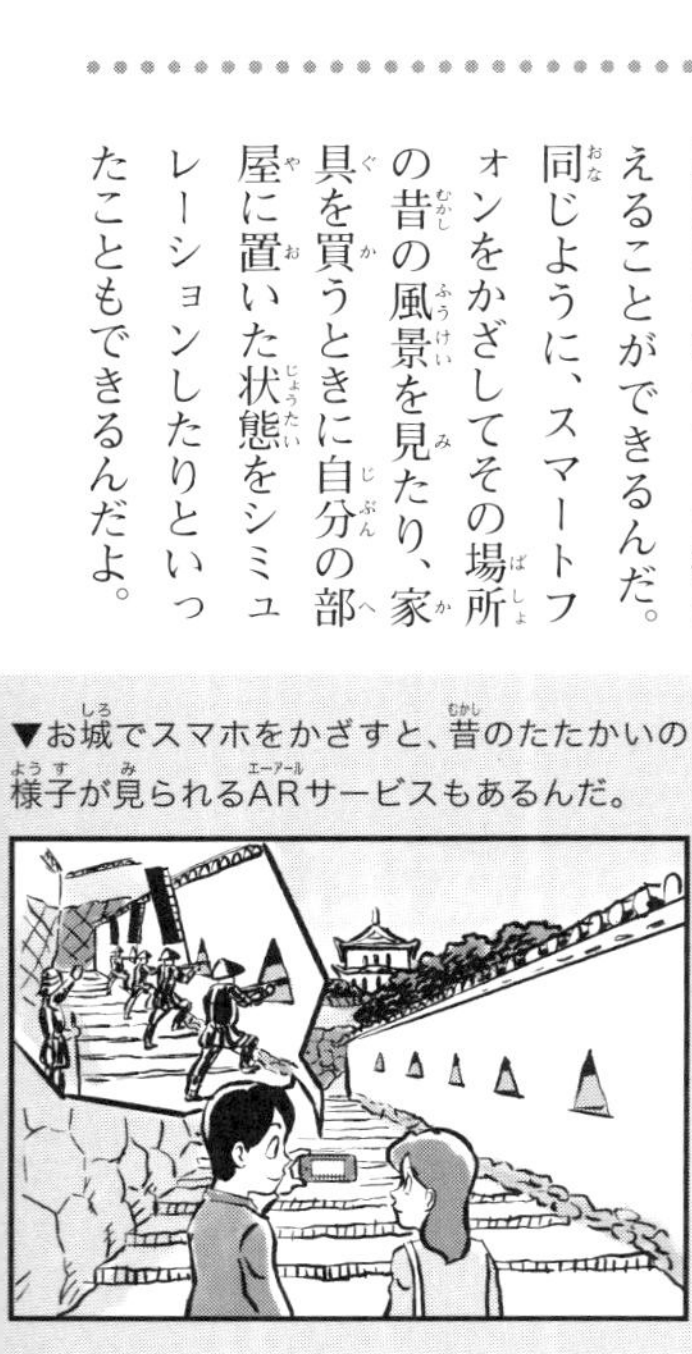

豆知識《まめちしき》⑥ 情報《じょうほう》の保存《ほぞん》パッケージは、どんどんコンパクトに

文字《もじ》や絵《え》などを記録《きろく》するために、かつては石《いし》などにほり、やがて紙《かみ》に書《か》いたり印刷《いんさつ》したりするようになった。そして大量《たいりょう》の情報《じょうほう》を電子《でんし》データとして記録《きろく》・保存《ほぞん》するのが一般的《いっぱんてき》になってから、扱《あつか》うデジタルデータの量《りょう》は時代《じだい》とともにどんどん増《ふ》えて、情報《じょうほう》を記録《きろく》する方法《ほうほう》（記録媒体《きろくばいたい》）も進化《しんか》していったんだ。

コンピューターのデータを保存《ほぞん》するのに、最初《さいしょ》に使《つか》われたのはテープ。はじめは紙《かみ》のテープに穴《あな》を開《あ》けることでデータを記録《きろく》した。やがて情報《じょうほう》をうつした磁気《じき》が入《はい》ったテープにかわり、それからしばらくして、みんなも知《し》っているCD《シーディー》やDVD《ディーブイディー》、そしてブルーレイディスクなど、光《ひかり》の反射《はんしゃ》によってデータの読《よ》み書《か》きをする「光《ひかり》ディスク」も使《つか》われるようになった。今《いま》はディスク1枚《まい》で、テレビ番組《ばんぐみ》を300時間以上《じかんいじょう》も記録《きろく》することができるんだよ。

また、ハードディスクドライブ（HDD《エイチディーディー》）といわれるコンピューターなどに内蔵《ないぞう》される記録媒体《きろくばいたい》や、デジタルカメラ、スマートフォンに使《つか》われるメモリーカード、さらにUSB《ユーエスビー》メモリーなどのフラッシュメモリーも広《ひろ》く普及《ふきゅう》した。

そしてこれらの記録媒体《きろくばいたい》の中《なか》に保存《ほぞん》できるデータの量《りょう》も技術《ぎじゅつ》の進歩《しんぽ》で飛躍的《ひやくてき》に増加《ぞうか》。アルファベット1文字分《もじぶん》のデータ量《りょう》を1バイトというけど、その100万倍《まんばい》のメガバイト、そのまた1000倍《ばい》のギガバイト、さらに1000倍《ばい》のテラバイトと、どんどん大《おお》きくなっているんだ。

▲（写真上《しゃしんうえ》から）紙《かみ》テープ、磁気《じき》テープ、フロッピーディスク、CD-ROM《シーディーロム》、ハードディスクなど、これまでにいろいろな記録媒体《きろくばいたい》が開《かい》発《はつ》され、使《つか》われてきたよ。

豆知識《まめちしき》7 コンピューターの進化《しんか》を支《ささ》える「LSI《エルエスアイ》」

コンピューターには、IC《アイシー》（集積回路《しゅうせきかいろ》）という小《ちい》さな部《ぶ》品《ひん》が組《く》みこまれている。IC《アイシー》とは、細《こま》かな電子部品《でんしぶひん》を、数《すう》mmのチップの上《うえ》にまとめた機器《きき》。これが高速《こうそく》での計算《けいさん》やデータの処理《しょり》を行《おこな》う役目《やくめ》をはたしてきた。

そして、このIC《アイシー》が進化《しんか》し、1つのチップの中《なか》にうめこまれた部品《ぶひん》の数《かず》がはるかに多《おお》くなったものをLSI《エルエスアイ》（大規模集積回路《だいきぼしゅうせきかいろ》）という。数《すう》mm～数《すう》cmの中《なか》に、1mmよりはるかに小《ちい》さい何万《なんまん》、何十万《なんじゅうまん》という電子部品《でんしぶひん》が入《はい》っているんだ。近年《きんねん》はこうしたLSI《エルエスアイ》が、コンピューター以外《いがい》にスマートフォンや家電《かでん》、自動車《じどうしゃ》など、多《おお》くの電子《でんし》機器《きき》に使《つか》われているよ。

集積回路《しゅうせきかいろ》は日《ひ》に日《ひ》に進《しん》化《か》していて、今《いま》では10億《おく》個以上《こいじょう》もの部品《ぶひん》がひとつに組《く》み込《こ》まれた、超大規《ちょうだいき》模集積回路《ぼしゅうせきかいろ》も生《う》まれているんだよ。

©nattul/Shutterstock.com

▲この小《ちい》さな部品《ぶひん》が、パソコンやスマートフォンの性能《せいのう》を支《ささ》えているんだ。

豆知識《まめちしき》8 Google《グーグル》の名前《なまえ》はまちがいで決《き》まった？

世界中《せかいじゅう》の人《ひと》に利用《りよう》されている、検索《けんさく》エンジンのGoogle《グーグル》。今《いま》や知《し》らない人《ひと》はいない存在《そんざい》だけど、実《じつ》はその名前《なまえ》は、まちがえてつけられたものなんだ。1997年《ねん》に新《あたら》しい検索《けんさく》エンジンとして名前《なまえ》を登録《とうろく》するときに、"Googol《グーゴル》"とつけるはずが、つづりをまちがえてしまい、Google《グーグル》になったといわれているよ。

"Googol《グーゴル》"というのは、10を100回《かい》かけあわせたもの（1の後《あと》に0が100個《こ》ならぶ！）を表《あらわ》す単位《たんい》。それくらい多《おお》くの情報《じょうほう》を、世《せ》界中《かいじゅう》の人々《ひとびと》が検索《けんさく》して使《つか》えるようにしたいという思《おも》いがこめられているんだ。

ちなみに、Google《グーグル》検索《けんさく》でGoogol《グーゴル》と入力《にゅうりょく》すると、電卓機能《でんたくきのう》が起動《きどう》して、10を100回《かい》かけあわせたものだと教《おし》えてくれるよ。

豆知識《まめちしき》⑨ 情報化社会《じょうほうかしゃかい》を支《ささ》えてきた「暗号《あんごう》」の技術《ぎじゅつ》

スパイが情報《じょうほう》をやりとりするときに使《つか》う、特殊《とくしゅ》なことばといえば……そう、「暗号《あんごう》」だ。人類《じんるい》は昔《むかし》から、秘密《ひみつ》の情《じょう》報《ほう》を特定《とくてい》の人《ひと》だけに伝《つた》えるために「暗号《あんごう》」を使《つか》ってきた。かんたんなものだと、文字《もじ》を数字《すうじ》におきかえたり、文字《もじ》のならび方《かた》を一定《いってい》の規則《きそく》にしたがって変《か》えたりするものがある。戦争《せんそう》のときには、敵国《てきこく》が使《つか》う暗号《あんごう》を見破《みやぶ》ることで戦《たたか》いを有利《ゆうり》に進《すす》めようとすることもよく行《おこな》われてきた。そして、その暗号《あんごう》をとくためのコンピューターも誕生《たんじょう》したんだ。

今《いま》では、コンピューターの世界《せかい》でも暗号《あんごう》の技術《ぎじゅつ》が活用《かつよう》されている。パソコンやスマートフォンで入力《にゅうりょく》した個人《こじん》情報《じょうほう》やパスワードがそのまま保存《ほぞん》されていたら、だれかに情報《じょうほう》を見《み》られて勝手《かって》に使《つか》われてしまうおそれがあるよね。それを防《ふせ》ぐために、データを暗号化《あんごうか》して保存《ほぞん》したり送信《そうしん》したりするんだ。そのように、データを他人《たにん》にわからなくする技術《ぎじゅつ》を「暗号化《あんごうか》」というんだよ。

現代社会《げんだいしゃかい》で暗号化《あんごうか》がはたす役割《やくわり》は大《おお》きい。現金《げんきん》を使《つか》わずにお金《かね》を動《うご》かすインターネットバンキングや、電子《でんし》マネーでの支払《しはら》いなどの利用《りよう》が進《すす》んでいるけど、途中《とちゅう》で情《じょう》報《ほう》が他人《たにん》に知《し》られてしまったら大変《たいへん》だ。そういった場面《ばめん》でも暗号化《あんごうか》の技術《ぎじゅつ》が使《つか》われていて、大切《たいせつ》な情報《じょうほう》をしっかり守《まも》っているんだよ。

なお、最近《さいきん》は「SSL《エスエスエル》」や「TLS《ティーエルエス》」といった、データを暗号化《あんごうか》して送受信《そうじゅしん》する技術《ぎじゅつ》を使《つか》って、外《そと》にもれてはいけない大事《だいじ》なデータを、インターネット上《じょう》で安全《あんぜん》にやりとりしているよ。

通常《つうじょう》の送受信《そうじゅしん》

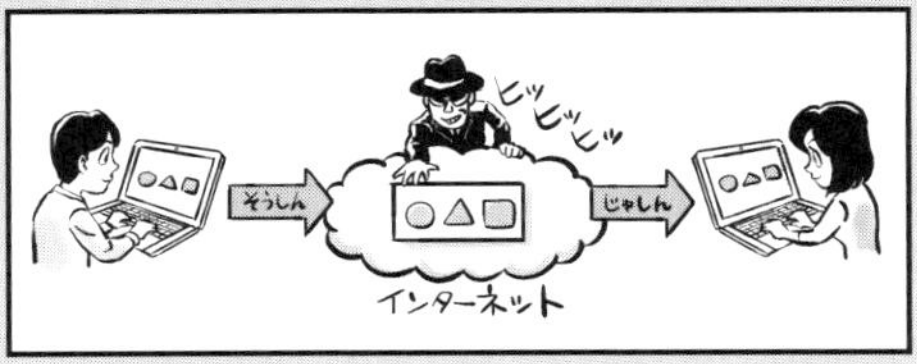

SSL暗号化《エスエスエルあんごうか》を用《もち》いた送受信《そうじゅしん》

▲今《いま》のインターネットでは、「SSL《エスエスエル》」といった暗号化《あんごうか》の技術《ぎじゅつ》を使《つか》うことで、情報《じょうほう》がぬすまれるのをふせいでいるんだ。

豆知識《まめちしき》⑩ あこがれの職業《しょくぎょう》「YouTuber《ユーチューバー》」

子《こ》どもたちの将来《しょうらい》の夢《ゆめ》といえば、昔《むかし》は男子《だんし》ならスポーツ選手《せんしゅ》やパイロット、科学者《かがくしゃ》など。女子《じょし》ならアイドルや学校《がっこう》の先生《せんせい》、客室乗務員《きゃくしつじょうむいん》などが人気《にんき》だった。しかし今《いま》は、君《きみ》のお父《とう》さんやお母《かあ》さんが子《こ》どものころにはなかった職業《しょくぎょう》が上位《じょうい》にきている。そのひとつが、YouTuber《ユーチューバー》といわれる人《ひと》たちだ。

YouTuber《ユーチューバー》は世界中《せかいじゅう》にいて、YouTube《ユーチューブ》をはじめとする動画投稿《どうがとうこう》サイトに、歌《うた》やダンス、パフォーマンスなど自分《じぶん》で制作《せいさく》した動画《どうが》をアップしている。おもしろい動画《どうが》は世界中《せかいじゅう》で何百万人《なんびゃくまんにん》もの人《ひと》に見《み》られ、人気《にんき》がある動画《どうが》の再生回数《さいせいかいすう》は、何千万回《なんぜんまんかい》にもなっているんだよ。

▲ゲームの実況《じっきょう》などで人気《にんき》を集《あつ》めるYouTuber《ユーチューバー》も多《おお》くいるね。

豆知識《まめちしき》⑪ 実際《じっさい》のスポーツなみのもり上《あ》がり!? e-Sports《イースポーツ》

情報技術《じょうほうぎじゅつ》の進化《しんか》で生《う》まれた、昔《むかし》では考《かんが》えられなかった職業《しょくぎょう》は、YouTuber《ユーチューバー》だけではない。コンピューターゲームのすごいテクニックを人々《ひとびと》に見《み》せることで収入《しゅうにゅう》を得《え》ている人《ひと》、いわゆるプロゲーマーも世界中《せかいじゅう》で誕生《たんじょう》している。

そんなプロゲーマーたちが大活《だいかつ》やくしているのが、e-Sports《イースポーツ》と呼《よ》ばれる競技《きょうぎ》。エレクトロニック・スポーツの略《りゃく》で、格闘《かくとう》ゲームやシューティングゲーム、レーシングゲームなどで技術《ぎじゅつ》を競《きそ》って戦《たたか》うんだ。大規模《だいきぼ》な大会《たいかい》では、何千万円《なんぜんまんえん》、何億円《なんおくえん》という賞金《しょうきん》がかけられ、動画配信《どうがはいしん》もふくめ多《おお》くの観客《かんきゃく》を熱《あつ》くさせている。

e-Sports《イースポーツ》が野球《やきゅう》やサッカーなどの、人気《にんき》スポーツなみのもり上《あ》がりを見《み》せている国《くに》もあるんだよ。

▼e-Sports《イースポーツ》の大会《たいかい》も、ほかの人気《にんき》スポーツと同様《どうよう》に熱《あつ》くもり上《あ》がっているよ。

豆知識《まめちしき》⑫ 進化《しんか》した人工知能《じんこうちのう》が、人間《にんげん》に反乱《はんらん》を起《お》こす!?

大《だい》ヒットした『ターミネーター』という映画《えいが》がある。ストーリーは、進化《しんか》した人工知能《じんこうちのう》が人類《じんるい》に反乱《はんらん》を起《お》こし、人類《じんるい》が存亡《そんぼう》をかけて人工知能《じんこうちのう》と戦《たたか》うというものだ。

現実《げんじつ》に人工知能《じんこうちのう》は驚《おどろ》くほどのスピードで進化《しんか》をしていて、このまま人工知能《じんこうちのう》が優秀《ゆうしゅう》になりすぎると、いつか人間《にんげん》が制御《せいぎょ》できなくなるかもしれないという心配《しんぱい》が生《う》まれている。2つの人工知能《じんこうちのう》どうしをつなげたら、人間《にんげん》にわからない言語《げんご》で会話《かいわ》をはじめたという実験《じっけん》も報告《ほうこく》された。〝知《ち》の巨人《きょじん》〟の異名《いみょう》をもつ物理学者《ぶつりがくしゃ》、スティーブン・ホーキング博士《はかせ》のように「人工知能《じんこうちのう》の進化《しんか》は人間《にんげん》をほろぼす」などと警告《けいこく》している人《ひと》もいる。けれども、Part《パート》8で説明《せつめい》したように、人間《にんげん》には人工《じんこう》知能《ちのう》がにがてなことができる。その力《ちから》を磨《みが》いていけば、人工知能《じんこうちのう》には負《ま》けないはずだ。

▼AI《エーアイ》が人間《にんげん》に対《たい》して反乱《はんらん》を起《お》こすなんて、映画《えいが》の中《なか》だけにしてほしい話《はなし》だね。

豆知識《まめちしき》⑬ 世界《せかい》のロボット大会《たいかい》で日本《にほん》の小《しょう》・中学生《ちゅうがくせい》が活《かつ》やく

ロボットの開発《かいはつ》は世界中《せかいじゅう》でさかんに行《おこな》われていて、その技術《ぎじゅつ》や性能《せいのう》を競《きそ》う大会《たいかい》も各地《かくち》で開催《かいさい》されている。今《いま》や日本《にほん》のロボット技術《ぎじゅつ》は世界《せかい》のトップクラスといわれていて、数々《かずかず》の大会《たいかい》で優秀《ゆうしゅう》な成績《せいせき》をおさめているんだ。そこでは、大人《おとな》だけでなく、子《こ》どもたちの活《かつ》やくもめだっているよ。

9～16歳《さい》を対象《たいしょう》とした、世界最大規模《せかいさいだいきぼ》の国際的《こくさいてき》なロボット競技会《きょうぎかい》「FLL《エフエルエル》（ファースト・レゴリーグ）」では、参加者《さんかしゃ》それぞれが制作《せいさく》したロボットが自律《じりつ》してミッションをクリアする競技《きょうぎ》をしたり、ロボット技術《ぎじゅつ》に関《かん》するプレゼンテーションをしたりするんだ。2012年《ねん》にアメリカで開《ひら》かれた世界《せかい》大会《たいかい》では、日本《にほん》から参加《さんか》したチーム「ファルコンズ」が総合優勝《そうごうゆうしょう》をかざったよ。

▼FLL World Festival《エフエルエル ワールド フェスティバル》での競技《きょうぎ》の様子《ようす》。

NPO法人青少年科学技術振興会 FIRST Japan

あとがき

情報《じょうほう》通信《つうしん》が社会《しゃかい》を支《ささ》える未来《みらい》に備《そな》えて、君《きみ》たちは今《いま》勉強《べんきょう》している

山田《やまだ》 肇《はじめ》（東洋大学名誉教授《とうようだいがくめいよきょうじゅ》）

人工知能《じんこうちのう》でなくならない仕事《しごと》

僕《ぼく》はドラえもんが大好《だいす》きです。ドジばかりするのび太《た》くんを守《まも》るやさしさには心《こころ》を打《う》たれます。

ドラえもんがポケットから出《だ》すひみつ道具《どうぐ》も大好《だいす》きです。ドラえもんがかかれたころにはまだ世《よ》の中《なか》にはなかったけれど、今《いま》は現実《げんじつ》のものになっているひみつ道具《どうぐ》がたくさんあります。「糸《いと》なし糸《いと》でんわ」は、今《いま》では携帯電話《けいたいでんわ》やスマートフォンとして、皆《みな》が使《つか》うものになっています。

「ほんやくコンニャク」は日本語《にほんご》でしゃべると英語《えいご》に直《なお》して相手《あいて》に聞《き》こえる道具《どうぐ》ですが、すでに現実《げんじつ》になっています。「ほんやくコンニャク」を現実化《げんじつか》するために利用《りよう》された技術《ぎじゅつ》が人工知能《じんこうちのう》です。人工知能《じんこうちのう》は人間《にんげん》に学《まな》んで知識《ちしき》を身《み》につけ成長《せいちょう》する機械《きかい》です。最初《さいしょ》は失敗《しっぱい》だらけだったほん訳《やく》も、間違《まちが》いを直《なお》すうちに上達《じょうたつ》していきました。

ロボットも町《まち》の中《なか》で目《め》にする機会《きかい》が増《ふ》えてきました。人工知能《じんこうちのう》やロボットの発展《はってん》で、君《きみ》たちが大人《おとな》になるころにはなくなる職業《しょくぎょう》もあるといわれています。工場《こうじょう》での労働《ろうどう》などがその例《れい》で、「ロボットのもと」でロボットを大量生産《たいりょうせいさん》すれば仕事《しごと》を任《まか》せられます。自動運転《じどううんてん》バ

スが実現《じつげん》すればバス運転手《うんてんしゅ》という仕事《しごと》がなくなるかもしれません。人間《にんげん》は人工知能《じんこうちのう》やロボットができない分野《ぶんや》で頑張《がんば》らなければなりません。それは、創造力《そうぞうりょく》を発揮《はっき》する分野《ぶんや》、多様《たよう》な仲間《なかま》と協力《きょうりょく》する分野《ぶんや》、そして、人々《ひとびと》に心地《ここち》よい気持《きも》ちを与《あた》える「おもてなし」の分野《ぶんや》などです。

君《きみ》たちが育《そだ》てなければならない力《ちから》

君《きみ》たちが学校《がっこう》で勉強《べんきょう》し育《そだ》てなければならないのは創造力《そうぞうりょく》や協調性《きょうちょうせい》です。たとえば協調性《きょうちょうせい》。世界《せかい》の人《ひと》と協調《きょうちょう》して平和《へいわ》な社会《しゃかい》をつくるにはいろいろな国《くに》のことを知《し》らなければなりません。ドラえもんであれば「どこでもドア」でどこにでも行《い》くことができるでしょう。君《きみ》たちの助《たす》けになるのはインターネットです。インターネット上《じょう》の情報《じょうほう》や動画《どうが》を閲覧《えつらん》することで、いろいろな国《くに》のことがわかります。アラブの人々《ひとびと》は白《しろ》い長袖服《ながそでふく》を着《き》ていますが、白《しろ》は太陽光《たいようこう》を反射《はんしゃ》するため、白《しろ》い長袖服《ながそでふく》を着《き》て太陽光《たいようこう》から皮膚《ひふ》を守《まも》っているのです。そんなことも映像《えいぞう》を見《み》れば自然《しぜん》にわかり、相互理解《そうごりかい》が進《すす》むのです。

喜《よろこ》び悲《かな》しむのが人間《にんげん》です。微妙《びみょう》な心《こころ》の動《うご》きをとらえ、それに合《あ》わせて応対《おうたい》すれば相手《あいて》は感謝《かんしゃ》するでしょう。そんな心《こころ》の動《うご》きを理解《りかい》するのは機械《きかい》よりも人間《にんげん》が得意《とくい》です。

友《とも》だちの悪口《わるぐち》をインターネットでばらまいたら、友《とも》だちはどれほど悲《かな》しむでしょうか。けんかで血《ち》が流《なが》れれば痛《いた》いとわかりますが、

いつでも話《はなし》ができる。
ぼくたちだけのでんわだ。

これにたのんでねると、小型《こがた》ロボットがでてきてやってくれる。
宿題《しゅくだい》たのもう。

心《こころ》の傷《きず》も痛《いた》いのです。思《おも》わずインターネットでつぶやいたら犯罪《はんざい》に巻《ま》き込《こ》まれたといった事件《じけん》が増《ふ》えてきています。君《きみ》たちはインターネットとの付《つ》き合《あ》い方《かた》も学《まな》ばなければなりません。

インターネットの価値《かち》

インターネット上《じょう》にはうその情報《じょうほう》もたくさんのっています。新聞《しんぶん》も、時《とき》にまちがった記事《きじ》を掲載《けいさい》します。「うそつ機《き》」がつくうそのように、どんなにムチャクチャな内容《ないよう》でも無条件《むじょうけん》に信《しん》じてしまうのではいけません。うその情報《じょうほう》ではなく、本当《ほんとう》の情報《じょうほう》を引《ひ》き出《だ》すためにはどうしたらよいでしょうか。一《ひと》つだけしらべて終《お》わりにするのではなく、いくつもしらべる。各国政府《かっこくせいふ》の資料《しりょう》のような信頼《しんらい》のおける情報源《じょうほうげん》を見《み》つける。小学館《しょうがくかん》の学習参考書《がくしゅうさんこうしょ》を読《よ》む（笑《わらい》）。図書館《としょかん》や美術館《びじゅつかん》に出《で》かける必要《ひつよう》もあります。博物館《はくぶつかん》で恐竜《きょうりゅう》の骨《ほね》を見《み》れば、恐竜《きょうりゅう》がどのくらい大《おお》きかったか実感《じっかん》をもってわかります。一言《ひとこと》でいえば、いろいろな情報《じょうほう》を総合《そうごう》して判断《はんだん》する力《ちから》を養《やしな》う必要《ひつよう》があります。

インターネットの情報《じょうほう》をコピーして、そのまま利用《りよう》してはいけません。どうして悪《わる》いか、わかりますか。インターネット上《じょう》にある先人《せんじん》の業績《ぎょうせき》をコピーしても何《なん》の進歩《しんぽ》もありません。それでは創造力《そうぞうりょく》を養《やしな》うことができず、人工知能《じんこうちのう》やロボットに負《ま》けてしまうことになります。

情報通信《じょうほうつうしん》が開《ひら》く新《あたら》しい社会《しゃかい》

情報通信技術《じょうほうつうしんぎじゅつ》はますます進歩《しんぽ》していきます。それがますます社会《しゃかい》で活用《かつよう》されていきます。いくつか例《れい》を話《はな》しましょう。君《きみ》たちもＳｕｉｃａ《スイカ》やＰＡＳＭＯ《パスモ》を使《つか》っているかもしれませんが、もともとは乗車券《じょうしゃけん》を置《お》き換《か》えたものでした。しかし、Ｓｕｉｃａ《スイカ》から人々《ひとびと》の流《なが》れが読《よ》み取《と》れるようになって、その駅《えき》を利用《りよう》する人《ひと》に合《あ》わせて駅中《えきなか》や駅前《えきまえ》に店《みせ》が開《ひら》かれるようになりました。家《いえ》にいても健康状態《けんこうじょうたい》を測《はか》ることができ、その情報《じょうほう》を医者《いしゃ》に送《おく》ると診断《しんだん》してもらえる遠隔医療《えんかくいりょう》も進《すす》んでいます。高齢者《こうれいしゃ》が大変《たいへん》な思《おも》いをして病院《びょういん》まで出《で》かけ、ほんの数分《すうふん》だけ先生《せんせい》と話《はな》すむだな時間《じかん》が節約《せつやく》されようとしています。自然《しぜん》の天候《てんこう》に左右《さゆう》される農林水産業《のうりんすいさんぎょう》も、田《た》んぼや畑《はたけ》に温度計《おんどけい》や水分計《すいぶんけい》を置《お》いて管理《かんり》するＩｏＴ《アイオーティー》と呼《よ》ばれる技術《ぎじゅつ》で一気《いっき》に近代化《きんだいか》されそうです。

君《きみ》たちがこれから生《い》きる世《よ》の中《なか》は情報通信《じょうほうつうしん》が支《ささ》える社会《しゃかい》です。そんな未来《みらい》にどのようにして世界《せかい》の人々《ひとびと》の役《やく》に立《た》つ仕事《しごと》ができるか。君《きみ》たちはそれに備《そな》えて、今《いま》、勉強《べんきょう》をしているのです。

君《きみ》たちの未来《みらい》のために、ドラえもんと一緒《いっしょ》に書《か》いたこの本《ほん》が役《やく》に立《た》つことを願《ねが》っています。

山田《やまだ》 肇《はじめ》

１９５２年《ねん》生《う》まれ。慶應義塾大学《けいおうぎじゅくだいがく》より工学博士号《こうがくはかせごう》を取得《しゅとく》。マサチューセッツ工科大学技術経営修士《こうかだいがくぎじゅつけいえいしゅうし》。ＮＴＴ《エヌティーティー》に勤務《きんむ》の後《のち》、東洋大学経済学部教授《とうようだいがくけいざいがくぶきょうじゅ》。現在《げんざい》は名誉教授《めいよきょうじゅ》。情報通信《じょうほうつうしん》の社会《しゃかい》での利活用《りかつよう》に関《かか》わる研究《けんきゅう》に従事《じゅうじ》し、関連政策《かんれんせいさく》の提言《ていげん》を続《つづ》ける。著書多数《ちょしょたすう》。高齢社会《こうれいしゃかい》に関《かん》する標準化活動《ひょうじゅんかかつどう》の国内責任者《こくないせきにんしゃ》、科学技術振興機構《かがくぎじゅつしんこうきこう》社会技術研究開発《しゃかいぎじゅつけんきゅうかいはつ》センターの研究開発領域総括《けんきゅうかいはつりょういきそうかつ》などを務《つと》めている。休日《きゅうじつ》にはドラえもんが大好《だいす》きな孫《まご》４人《にん》と遊《あそ》ぶのが楽《たの》しみ。

ビッグ・コロタン⑯①

ドラえもん社会《しゃかい》ワールド
ー情報《じょうほう》に強《つよ》くなろうー

STAFF

●まんが　藤子・F・不二雄
●監修　藤子プロ
山田 肇（東洋大学名誉教授）
●編　小学館　ドラえもんルーム

●構成　葛原武史・藤沢三毅（カラビナ）　石川 遍
●デザイン　ビーライズ
●装丁　有泉勝一（タイムマシン）
●イラスト　岩井頼義
●制作　酒井かをり
●資材　木戸　礼
●宣伝　阿部慶輔
●販売　窪康男
●編集協力　和西智哉（カラビナ）
●編集　島田浩志

参考文献
『パソコン&インターネットまるわかり用語じてん―ドラえもんのなるほどインターネット』（小学館ドラネット編集部／小学館）『スマホ世代の子どもたちと向き合うために教師が知っておくべきネット社会とデジタルのルール』（楢原毅／小学館　『情報って何だろう』（春木良且／岩波ジュニア新書）『やさしいコンピュータ入門』（山本喜一／岩波ジュニア新書）『学校では教えてくれない大切なこと 12 ネットのルール』（旺文社）『情報技術はどこまで進歩するの？―情報科学技術（未来をひらく最先端科学技術）』（毛利衛 監修／こどもくらぶ 編集／岩崎書店）　総務省 国民のための情報セキュリティサイト　総務省 情報通信白書 for Kids　小学館ファミリーネット　キッズ@nifty　Kids' DOOR　財団法人インターネット協会 ホームページ　一般社団法人電波産業会 電磁環境委員会 ホームページ　JASRACホームページ　EMA（一般社団法人モバイルコンテンツ審査・運用監視機構）ホームページ　CRIC ホームページ　NECホームページ／PANOPLAZAホームページ

2018年2月19日　初版第1刷発行
2023年1月23日　第6刷発行

●発行人　青山明子
●発行所　株式会社　小学館
〒101-8001　東京都千代田区一ツ橋2-3-1
編集●03-3230-5432
販売●03-5281-3555
●印刷所　大日本印刷株式会社
●製本所　株式会社　若林製本工場
Printed in Japan

ISBN978-4-09-259161-5